Morrendo de vergonha

Dados Internacionais de Catalogação na Publicação (CIP)
(Câmara Brasileira do Livro, SP, Brasil)

Morrendo de vergonha / Barbara G. Markway... [et al.] : tradução Sonia Augusto. – São Paulo: Summus, 1999.

Título original: Dying of embarrassment.
Bibliografia
ISBN 978-85-323-0635-7

1. Ansiedade – Aspectos sociais 2. Autoajuda – Técnicas 3. Fobia social 4. Fobia social – Pacientes – Reabilitação 5. Timidez I. Markway, Barbabara G.

98-4426   CDD-616.8522
                                                                 NLM-WM 178

Índices para catálogo sistemático:
1. Ansiedade e fobia social : Medicina 616.8522
2. Fobia e ansiedade social : Medicina 616.8522

www.summus.com.br

Summus Editorial
Departamento editorial
Rua Itapirucu, 613 – 7º andar
05006-000 – São Paulo – SP
Fone: (11) 3872-3322
Fax: (11) 3872-7476
http://www.summus.com.br
e-mail: summus@summus.com.br

Atendimento ao consumidor
Summus Editorial
Fone: (11) 3865-9890

Vendas por atacado
Fone: (11) 3873-8638
Fax: (11) 3873-7085
email: vendas@summus.com.br

Impresso no Brasil

Morrendo de vergonha
um guia para tímidos e ansiosos

Barbara G. Markway • Cheryl N. Carmin
C. Alec Pollard • Teresa Flynn

summus editorial

Do original em língua inglesa
DYING OF EMBARRASSMENT
Copyright © 1992 by New Harbinger Publications
5674 Shattuck Ave. Oakland, CA 94609
Direitos para a língua portuguesa reservados por Summus Editorial

Tradução: **Sonia Augusto**
Capa: **Teresa Yamashita**

Compre em lugar de fotocopiar.
Cada real que você dá por um livro recompensa seus autores
e os convida a produzir mais sobre o tema;
incentiva seus editores a encomendar, traduzir e publicar
outras obras sobre o assunto;
e paga aos livreiros por estocar e levar até você livros
para a sua informação e o se entretenimento.
Cada real que você dá pela fotocópia não autorizada de um livro
financia um crime
e ajuda a matar a produção intelectual de seu país.

Agradecimentos

Como em qualquer projeto desta magnitude, temos de agradecer a muitas pessoas. Primeiro, e acima de tudo, agradecemos as contribuições das pessoas com fobia social que tratamos ao longo dos anos. Foi a necessidade dessas pessoas que inspirou este livro. Elas nos ensinaram muito a respeito do efeito da fobia social em suas vidas e como o tratamento pode trazer esperança e capacitá-las a superar os seus medos.

Gostaríamos, também, de agradecer ao doutor Ronald B. Mangolis, diretor da Divisão de Medicina Comportamental do Centro Médico da Universidade de St. Louis, por seu apoio neste empreendimento. Além disso, agradecemos aos outros psicólogos do Centro de Distúrbios da Ansiedade, que têm contribuído com suas idéias a respeito do tratamento da fobia social. Reconhecemos, também, com gratidão, a Maureen Aichs, pelo trabalho de digitação dos esboços de muitos capítulos. Sua paciência e seu senso de humor diante de prazos impossíveis foram muito apreciados. Agradecemos também a Mary Guy e Stephanie Stemmler por sua ajuda.

Muitos de nossos colegas médicos dedicaram seu tempo na revisão do capítulo sobre medicação. As sugestões de Tracy Ware; S. Terry Moorei; Sue Perrine; e Shael Bronson ajudaram a assegurar que a informação contida nesse capítulo fosse precisa e refletisse o tratamento farmacológico atual para a fobia social. Dois outros colegas nossos, Greg Markway, Ph.D. e Heidi Pollard, M.S.N., C.S., fizeram numerosas revisões dos outros capítulos e ofereceram sugestões valiosas a cada passo do caminho. Suas contribuições foram muito apreciadas.

Muitos agradecimentos a Barbara Quick por sua habilidosa edição. Foi um prazer trabalhar com ela, o que tornou possível o processo de edição. Também agradecemos a Patrick Fanning por sua cooperação em pontos-chave deste processo.

Por último, mas certamente não o menos importante, queremos agradecer aos membros de nossas famílias e a nossos amigos. Ele nos deram apoio e encorajamento, compartilharam de nosso entusiasmo, e contornaram a situação em casa enquanto estávamos ocupados no processo de escrever.

Sumário

Apresentação à edição brasileira 9
Introdução 11

Parte I: Entendendo as Fobias Sociais:
O Medo da Desaprovação 13
1 A natureza da fobia social 15
2 As causas da fobia social 31

Parte II: Preparando-se para a Recuperação 47
3 Definindo suas metas e seus objetivos 49
4 Avaliando seus medos e desenvolvendo
  seu plano de recuperação 56

Parte III: Aprendendo Habilidades para
Controlar o Medo da Desaprovação 65
5 Controlando a reação de seu corpo ao medo 67
6 Controlando a reação de sua mente ao medo 79

Parte IV: Encarando o seu Medo de Desaprovação 103
7 Exposição: um método para encarar os seus medos 105
8 Ordenando os seus medos:
  criando uma hierarquia de exposição 109
9 Realizando suas exposições 118
10 Princípios de uma exposição bem-sucedida 131

Parte V: Outras considerações 143
11 E se eu precisar de outras habilidades? 145
12 E se o estresse interferir em meu progresso? 168
13 E se eu tiver outros problemas? 178
14 E se eu precisar de mais incentivo? 189
15 Como mantenho meu progresso? 195
16 E se eu precisar de medicação? 202
17 Como conseguir ajuda profissional? 216
18 Alguns comentários finais: direções futuras 224

Referências bibliográficas 231

Apresentação à edição brasileira

Todos nós, em certos momentos, experimentamos ansiedades, assim como constrangimentos, em situações específicas. Você consegue honestamente imaginar uma total tranqüilidade durante uma situação em que esteja no foco das atenções? Tal tensão é compreensível e perfeitamente normal.

Algumas pessoas, por outro lado, apresentam esse fenômeno em intensidade desproporcional à situação em questão, ou mesmo sem um motivo plausível. Classificado como *fobia social*, esse quadro inclui temores em vários graus, desde o simples medo da crítica dos circunstantes até extremos onde se possa sentir humilhado ou enormemente envergonhado. Denominador comum nesses casos, a origem desses sentimentos repousa em argumentos irracionais. São freqüentemente respostas exageradas a condições de nossa sociedade, condições estas tais que elas mesmas tornam difícil o sucesso de quem padece da *fobia social* em encontrar ajuda adequada, uma vez que poucos são os profissionais realmente habilitados no tratamento do distúrbio.

Daí a importância do presente livro, escrito para trazer clareza diretamente a quem dela necessita. Em linguagem inteligível, os autores explicam o medo da reprovação social, raiz do problema, as reações do corpo a tal sentimento, o reconhecimento dos sintomas da *fobia social*, o método da exposição gradual ao estímulo fóbico, além de apresentar, sob a forma de perguntas e respostas, as mais freqüentes dúvidas apresentadas pelos pacientes e sua solução.

O texto trata do medo normal, assim como do *medo patológico*, ou mais precisamente, da *fobia*. Mui freqüente é a dificuldade em separá-los, e os autores abordam as diferenças entre ambos e discutem meios de lidar eficazmente com cada um deles.

Penso haver uma enorme lacuna entre conselho e ajuda. Em tempos passados, muitas autoridades impunham aconselhamento psicológico para o controle dessa forma de ansiedade. Este livro oferece ajuda real na forma de alívio considerável e imediato.

Apesar de, a meu ver, privilegiar a face psicológica, em detrimento de espaço para sua vertente biológica e para o tratamento medicamentoso da *fobia social*, que defendo como tendo uma participação muito maior do que a que os autores admitem, não restam dúvidas quanto ao benefício que a obra pode trazer a todos aqueles que de um modo ou outro vêem-se às voltas com a *fobia social*. Trata-se sem dúvida de leitura indispensável.

Domingos La Laina Jr.
Psiquiatra

Introdução

Literalmente, milhões de pessoas sofrem de fobia social, um problema que pode interferir de forma considerável em sua satisfação e em seu prazer de viver. Apesar da preponderância e da severidade potencial da fobia social, pode ser muito difícil encontrar ajuda para este problema. Em algumas áreas do país não há profissionais qualificados, com a especialização necessária. Mesmo em grandes cidades, poucos profissionais de saúde mental são experientes no tratamento da fobia social. Grande parte do que se sabe sobre esse distúrbio e seu tratamento foi descoberta recentemente. Portanto, um dos principais objetivos dos autores, ao escrever este livro, é trazer esta informação diretamente para as pessoas com fobia social. Muitos de vocês serão capazes, por si mesmos, de superar com sucesso sua ansiedade social, seguindo o programa esboçado no livro. Outros poderão usar o livro como um suplemento para a terapia com um profissional.

Escrevemos este livro, também, para os amigos e parentes de pessoas com fobia social. Eles poderão beneficiar-se e saber mais a respeito desse distúrbio de ansiedade e serão capazes de entender e ajudar a pessoa com medo social.

Finalmente, também esperamos poder informar a respeito de nossos métodos de tratamento para outros profissionais de saúde mental. Muitos de nossos colegas neste campo podem estar interessados neste tópico, mas são relativamente inexperientes no tratamento de fobias sociais. Embora muita informação apresentada aqui possa ser obtida em revistas e em textos profissionais, muitos clínicos podem valorizar sua disponibilidade numa fonte de fácil manuseio.

Assim, reconhecemos que os leitores possam ter diferentes problemas e necessidades. Ao mesmo tempo, queremos que obtenham o máximo benefício possível. Tendo isso em mente, sugerimos a seguinte abordagem para usar *Morrendo de vergonha*. A Parte I contém informação essencial que deve ser útil praticamente a qualquer pessoa com medos sociais. Os capítulos nesta seção são importantes para se obter uma compreensão básica da fobia social e de como você pode ser afetado por ela. Os capítulos da Parte II o ajudarão a definir suas metas e seus objetivos para a recuperação, para avaliar seus medos, e para desenvolver um plano de recuperação personalizado. A Parte III oferece habilidades importantes para controlar suas reações mentais e físicas ao medo, enquanto a Parte IV tem o objetivo de ajudá-lo a confrontar e superar os seus medos por intermédio de um procedimento chamado "exposição". A Parte V pode ser usada seletivamente. Tendo como base suas necessidades e o progresso em sua recuperação, você pode desejar ler mais sobre um ou mais dos seguintes tópicos desta seção: habilidades sociais, gerenciamento do estresse, incentivos, problemas coexistentes, prevenção de recaídas, medicação e ajuda profissional. Finalmente, fazemos algumas especulações a respeito da direção que a pesquisa científica da fobia social pode tomar num futuro próximo.

Mais uma observação sobre como usar *Morrendo de vergonha*. Este livro deve ser usado ativamente. A leitura do livro pode trazer algum benefício. Contudo, para obter todas as recompensas desta abordagem de tratamento, você precisará seguir os métodos descritos e realizar os exercícios. Em cada capítulo há espaço para escrever, e assim você poderá usar o texto como um manual de trabalho.

Nós, os autores, lhe desejamos o melhor. Baseados em nossas experiências com pessoas que buscavam ajuda para a ansiedade social, somos otimistas e acreditamos que você poderá sentir-se mais confortável em situações sociais como jamais pensou que fosse possível!

Parte I
Entendendo as fobias sociais: o medo da desaprovação

Nestes capítulos você encontrará informação básica sobre fobia social. O distúrbio é definido no Capítulo 1, com vários exemplos. No Capítulo 2, você terá informação a respeito das teorias e pesquisas atuais sobre as raízes da ansiedade social.

1

A natureza da fobia social

O QUE É FOBIA SOCIAL?

A fobia social é um distúrbio caracterizado por um medo persistente de críticas ou de rejeição pelos outros. As pessoas com fobias sociais temem que elas possam se comportar de uma maneira que seria embaraçosa ou humilhante. George é um exemplo. Ele tem uma fobia social. Ele tem tanto medo de cometer um erro diante de seus colegas de trabalho que, com freqüência, fica até mais tarde para terminar seu trabalho, após o expediente, quando todos já foram para casa. Sua antecipação de ser julgado como incompetente ou estúpido é tão assustadora, que George, tenta evitar situações em que haja qualquer potencial para vergonha.

A fobia social é também um *diagnóstico* psiquiátrico. Você pode estar pensando consigo mesmo: "E qual é a diferença? Distúrbio? Diagnóstico? Não são a mesma coisa?". A resposta é não. O distúrbio é aquilo que você realmente sente e experiencia. O diagnóstico é um rótulo, que os profissionais de saúde mental usam para identificar o distúrbio a partir de seus sinais e sintomas.

"E daí?", você pode perguntar. E daí que a fobia social só foi incluída como uma categoria de diagnóstico no *Diagnostic and Statistical Manual of Mental Disorders* (chamado de *DSM*) em 1980. O *DSM* é o guia mais freqüentemente usado nos Estados Unidos para tomar decisões de diagnóstico psiquiátrico. Ele relaciona e descreve todos os grandes problemas de saúde mental que são atualmente reconhecidos como tal por um comitê de especialistas. Em 1987, os critérios para a fobia social, ou as regras para fazer o diagnóstico, foram revisados com a publicação do *DSM-III-R,* que é o nome da edição atual.

"Como pode ser assim? Eu tenho este problema desde muito antes de 1980!" É verdade. Muitos de vocês têm sofrido com ansiedade social desde que eram crianças. É importante que você perceba que a fobia social, como uma categoria de diagnóstico, só recentemente chamou a atenção dos profissionais de saúde mental, e que nossa compreensão desse distúrbio está mudando rapidamente. Enquanto estamos escrevendo este livro, está sendo realizado um trabalho para preparar a próxima edição revisada do manual diagnóstico, *DSM-IV,* para publicação.

Este pano de fundo histórico pode ajudá-lo a colocar as coisas em perspectiva. Ele ajudou Renée, de 35 anos, que experiencia uma ansiedade social incapacitante desde sua adolescência. Com freqüência ela se culpava por não ter procurado ajuda profissional para seus problemas muitos anos antes. Contudo, agora ela percebe que teria tido muita dificuldade para encontrar um profissional que pudesse entender seus medos sociais, quanto mais tratá-los.

Embora o *DSM-III-R* não venha a ser a última palavra a respeito de fobia social, no momento é o que temos para trabalhar. A definição, neste manual, é a seguinte:

> Fobia social é um medo persistente de uma ou mais situações nas quais a pessoa é exposta a um possível exame pelas outras pessoas, e teme que possa fazer algo ou agir de maneira humilhante ou embaraçosa.

Em resumo, fobia social é um medo de ser desaprovado pelos outros. Embora seja natural preocupar-se com a aprovação dos outros, as pessoas com fobia social levam esta preocupação ao extremo. Como você verá na próxima seção, temer a desaprovação pode tornar insuportáveis até mesmo as situações do cotidiano.

Situações Comuns em que o Medo Ocorre

Há muitas situações nas quais os medos sociais podem aparecer, mas várias são particularmente comuns:

- falar em público;
- divertir uma platéia;
- fazer exames;
- comer em restaurantes;
- escrever em público;
- usar banheiros públicos;
- sair com alguém do sexo oposto.

Quando as pessoas têm medo de uma dessas situações, dizemos que elas têm uma fobia social específica. As fobias sociais específicas envolvem uma área de medo, desconforto e fuga focalizada. As pessoas com esse tipo de fobia social temem uma ou um número limitado de situações específicas, embora possam sentir-se relativamente confortáveis em outras situações sociais. As fobias sociais específicas normalmente envolvem *ansiedade de desempenho* — uma preocupação de que alguma tarefa ou comportamento seja executado de forma incorreta ou inaceitável. Vamos examinar as situações mais comuns em que as fobias sociais se desenvolvem.

FALAR EM PÚBLICO

Falar em público, com freqüência, é a situação social avaliada como a mais temida nos Estados Unidos. Se você fica apavorado ao falar para um grupo de pessoas, pode ter esse tipo de fobia social específico. O medo de falar em público pode interferir seriamente em sua vida. Com certeza, este era o caso de José, um vendedor, de 38 anos. Ele se saía bem quando realizava uma venda para uma pessoa. No entanto, se tivesse de fazê-la para mais pessoas, encontrava problemas. Falar para um grupo, ainda que de três pessoas, sempre o deixava extremamente nervoso. Ele reclamava de suar muito, seu coração disparava, e sua respiração ficava curta. Ele tinha a certeza de que os outros notariam que havia algo errado, preocupava-se em parecer estúpido, e achava que as pessoas poderiam pensar que ele não conhecia sua linha de produtos. José temia que alguém relatasse a seu supervisor que ele era incompetente. Ele tentava evitar essas vendas para grupos sempre que possível. José estava tentando economizar para a educação universitária de seus filhos, e certamente estava perdendo muito dinheiro por causa de seu medo de falar em público.

Se você é uma das muitas pessoas com esse medo específico, as suas preocupações podem ser muito semelhantes às de José. Você também pode ter preocupações adicionais, que soam mais ou menos assim: "E se os outros notarem que eu estou ansioso?". "E se eles virem que minhas mãos estão tremendo?". "E se eu gaguejar?". "E ainda pior, se eu me esquecer totalmente do que eu devo dizer?". "E se alguém fizer uma pergunta e eu não souber responder?". "E se eu parecer estúpido?". "E se minha voz tremer?". Você provavelmente pode acrescentar diversas outras situações de ansiedades a esta lista.

DIVERTIR UMA PLATÉIA

Divertir uma platéia é outra situação social freqüentemente temida, e, em geral, é chamada de "medo do palco". Se você tem esta fobia, pode ser capaz de realizar uma tarefa que exija grande habilidade, desde que esteja sozinho. Contudo, realizar essa mesma tarefa diante dos outros — bem, esta é uma outra história!

Esse tipo de fobia é comum mesmo entre atletas profissionais. Por exemplo, o jogador da segunda base do Los Angeles Dodger, Steve Sax, foi premiado com o Rookie-of-the-Year em 1982. Porém, durante a temporada seguinte, ele subitamente começou a ter dificuldades para fazer até mesmo lançamentos de rotina para a primeira base. Mais recentemente, o apanhador do New York, Mackey Sasser, desenvolveu um problema em jogar a bola de volta para o lançador — algo em que a maioria dos apanhadores nem mesmo pensa. O que você acha que poderia ter acontecido para causar uma mudança tão drástica no desempenho desses jogadores? Sax havia feito alguns lançamentos ruins no início da temporada, e ficou cada vez mais preocupado em não cometer outro erro. Quanto mais se concentrava em não fazer outro lançamento ruim, mais ansioso ficava. E quanto mais ansioso ficava, pior era o seu desempenho. Para Sasser a situação foi semelhante.

FAZER EXAMES E ESCREVER

Duas expressões comuns, *ansiedade de testes* e *bloqueio de escritor*, na verdade, referem-se a medos sociais de fazer exames e de escrever. Uma brilhante aluna da sétima série, Anne, tinha os dois. Ela estudava bastante, mas suas notas eram apenas medianas. Anne não achava justo que conseguisse apenas C. A situação típica para Anne era mais ou menos a seguinte: na noite anterior a um exame, sua mãe lhe fazia perguntas sobre a matéria, que Anne quase sempre sabia responder. Porém, na manhã do exame Anne acordava sentindo-se nervosa. Ela temia que pudesse não estar sabendo bem a matéria ou que sua mente tivesse *um branco*, o que já havia acontecido no passado. Apesar de sua mãe tranqüilizá-la, Anne ficava tão tensa que quase não conseguia tomar o café da manhã. Às vezes, ela até chorava antes de ir para a escola. Quando se sentava para fazer o teste, não conseguia concentrar-se. As palavras lhe pareciam confusas e ela notava o seu coração batendo rapidamente. E como ela mais temia, percebia sua mente ficando completamente *em branco*.

Um dos professores pedia que os alunos escrevessem ensaios na classe. Esta era outra situação-problema para Anne. Embora ela pudesse escrever fluentemente em casa, suas idéias ficavam paralisadas sob a pressão de escrever na classe.

Você não tem de ser um estudante para experienciar o bloqueio de escritor. É bastante comum que pessoas cujo trabalho depende de escrever — por exemplo, jornalistas — vivenciem o bloqueio de escritor de vez em quando. O medo comum é que aquilo que se produza, tanto a resposta de um exame quanto um artigo de jornal, sejam inadequados ou inaceitáveis para os outros.

COMER EM RESTAURANTES

Comer em qualquer lugar em que outras pessoas possam estar observando é também outra situação específica na qual as fobias sociais podem se desenvolver. Se você tem este medo, pode preocupar-se em fazer algo embaraçoso, como derrubar bebida sobre si mesmo ou sobre seus acompanhantes. Você pode também ter uma vaga sensação de que os outros estão observando, o que faz com que se sinta ainda mais desajeitado com sua comida. Esse tipo de preocupação, freqüentemente, torna-se profecias auto-realizadas. Quanto mais você se preocupar com a possibilidade de fazer algo embaraçoso, mais ansioso ficará. Quanto mais ansioso você ficar, provavelmente começará a tremer ou a fazer movimentos abruptos ou desajeitados. Este problema pode crescer até o ponto em que se torne difícil comer ou beber sem derrubar ou respingar.

Esta era a situação de Angela. Ela era muito ligada à família e queria participar das celebrações e reuniões familiares. Mesmo assim, essas reuniões tornaram-se torturas insuportáveis para ela, que começava a tremer quando a família se reunia ao redor da mesa. Angela tentou esconder sua ansiedade, mas quanto mais o fazia, pior ficava. Ela se tornou mestre em mexer a comida em seu prato para fazer de conta que estava comendo. Quando chegava em casa, depois dessas reuniões familiares, estava faminta. E ela se sentia confusa, pois não tinha dificuldade para comer na privacidade de sua própria casa.

ESCREVER EM PÚBLICO

Escrever em público é outra situação que pode causar muita ansiedade às pessoas. Imagine-se incapaz de assinar seu nome diante de um vendedor! Imagine-se impossibilitado de pedir um empréstimo porque você não é capaz de passar por todas as assinaturas e toda a papelada necessária! Se você tem esse tipo de fobia, suas preocupações podem ter evoluído mais ou menos assim: em algum momento você pode ter achado que sua letra era feia. Ou, talvez, ficasse preocupado com a possibilidade de errar ao soletrar alguma palavra, ou de que sua mão pudesse tremer enquanto você escrevia. Qualquer que seja o caso, os seus temores aumentaram até o ponto em que sua mão pode ter ficado um pouco trêmula e você, de fato, teve dificuldade em escrever. Sua letra pode ser bonita desde que não haja ninguém observando. Ou você pode ter ficado tão sensível, que mesmo que não haja ninguém por perto, apenas o pensamento de que alguém possa ver sua letra é suficiente para fazer com que se preocupe.

Doreen, uma estudante de magistério, com vinte anos de idade, tinha esta fobia. Ela estava fazendo seu estágio numa escola local. Ela sempre havia sido autoconsciente a respeito de sua letra; e agora estava preocupada em escrever na lousa. E se os seus novos alunos notassem que ela estava nervosa? E se o seu braço tremesse? E se os estudantes não a levassem a sério por causa de sua letra ruim? Doreen fazia todo o possível para não escrever na lousa. Ela ficava acordada até tarde da noite, planejando cada detalhe das aulas que daria no dia seguinte. Ela ia bem cedo para a escola todas as manhãs, para fazer cópias de lições e de exercícios datilografados, e chegava à sala de aulas carregada de materiais.

USAR BANHEIROS PÚBLICOS

Outra fobia social é o medo de usar banheiros públicos. Se você tem este problema, pode ficar envergonhado demais para falar a esse respeito com outras pessoas.

Este era o caso de Amy, que nunca havia contado a ninguém que sentia uma enorme ansiedade em usar banheiros públicos. Ela podia entrar no toalete, mas se houvesse mais alguém no recinto, seus músculos ficavam tão tensos que não conseguia urinar. Amy pensava que havia algo de errado com ela. Talvez estivesse louca, tivesse um problema físico. Finalmente, quando Amy foi fazer um exame médico anual de rotina, ela resolveu falar a seu médico sobre o seu problema para urinar. Ela se sentia terrivelmente ansiosa sobre abordar este assunto — e se o médico risse dela? Ela se preocupou com isto por vários dias antes do exame.

Quando Amy falou sobre seu problema, o médico lhe assegurou que provavelmente este não tinha uma origem física: ela simplesmente tinha uma "bexiga tímida". O nome técnico para este problema é "retenção urinária psicogênica". Amy sentiu-se um pouco aliviada por haver um nome para isto. Mas o que ela deveria fazer a esse respeito? Ela era bastante ativa em trabalho voluntário, e estava se tornando cada vez mais difícil planejar intervalos em sua agenda para que pudesse ir para casa usar o banheiro.

O medo de usar banheiros públicos pode ser um pouco diferente entre homens e mulheres, por causa das diferenças na construção de banheiros públicos. Se você é uma mulher com esta fobia, pode temer que precise se apressar para urinar, especialmente se houver uma fila de pessoas esperando. Os banheiros de aeroportos, cheios de gente, eram os piores para Amy. Ela temia que pudesse demorar demais e que as outras mulheres ficassem com raiva. Ela também se preocupava com o que os outros pudessem pensar dela. "Por que ela está demorando tanto?" "O que ela poderia estar fazendo lá?". Além disso, algumas pessoas também podem ser sensíveis aos sons. Embora Amy saiba que todos urinam e que todos fazem barulho, isso ainda a incomoda. Se algum ventilador estivesse ligado, isto sempre a ajudava, pois bloqueava os outros sons. Algumas pessoas com esse tipo de fobia também temem eliminar gases ou defecar num banheiro público.

Se você é um homem com esta fobia, provavelmente, seus medos terão uma forma ligeiramente diferente pelo fato de a maioria dos banheiros públicos masculinos não ter separações individuais para urinar. Dave tinha este problema específico. Se outros homens estivessem próximos quando ele ia urinar, ficava ansioso e não era capaz de urinar imediatamente. Conforme ficava ali em pé, esperando para urinar, seus pensamentos se descontrolavam. "E se os outros homens pensarem que sou pervertido?". "E se eles pensarem que sou *gay*?". "Eles podem pensar que estou me masturbando porque estou demorando muito". Na verdade, sua ansiedade piorava as coisas, e urinar era ainda mais difícil.

SAIR COM PESSOAS DO SEXO OPOSTO

Sair com pessoas do sexo oposto é outra situação que provoca medos sociais. Você pode ser capaz de falar para um grupo de cem pessoas com pouca ansiedade e ainda assim ficar apavorado com a perspectiva de sair com uma pessoa do sexo oposto. Michael é um exemplo. Como professor universitário, freqüentemente ele dá palestras para grandes grupos de estudantes. Ele gosta de ir a cinemas e a acontecimentos esportivos com vários amigos homens, em seu tempo livre. Embora Michael se sentisse à vontade na maioria das situações sociais, tinha medo de convidar uma mulher para sair. Medo de que ela dissesse não, e temia sentir-se rejeitado. Ele também tinha medo de que ela aceitasse — quando saía, Michael preocupava-se com a possibilidade de fazer algo que o envergonhasse. Conseqüentemente, não saía com mulheres.

Embora alguma ansiedade social seja comum em encontros com pessoas do sexo oposto, uma fobia de encontros pode ser bastante debilitante, impedindo, às vezes, que as pessoas tenham qualquer relacionamento íntimo.

Algumas disfunções sexuais podem ser uma forma de fobia social e podem também massacrar os relacionamentos. Por exemplo, Bruce, um estudante de medicina, com vinte anos de idade, era muito inseguro de si mesmo no que dizia respeito a mulheres, mesmo que elas o considerassem atraente. Bruce teve uma namorada durante o último ano do segundo grau. Ele achava que tudo estava indo bem, até que o seu relacionamento avançou numa direção mais íntima. Ele estava tão ansioso sobre se conseguiria ou não ter um bom desempenho sexual, que foi incapaz de ter uma ereção quando estava com sua namorada. Contudo, era perfeitamente capaz de ter uma ereção quando estava sozinho. Quando Bruce mudou para a escola de medicina, ele e sua namorada romperam. Agora, ele está relutante em desenvolver outro relacionamento, com medo de que o padrão possa se repetir.

Quando Você tem Medo de Muitas (ou de Todas) as Situações Sociais

Diferentemente das pessoas com fobias sociais específicas, você pode temer muitas ou todas as situações em que pode se defrontar com a desaprovação. As pessoas com medos sociais amplos têm uma fobia social *generalizada*. Além de temer diversas situações sociais, as pessoas com fobias sociais generalizadas, provavelmente, não terão algumas habilidades, tais como as de ser assertivo ou de comunicar-se de modo eficaz, que são aspectos importantes para sentir-se confortável com outras pessoas. Como você verá a seguir, no caso de Rebecca, ter uma fobia social generalizada pode ser extremamente debilitante, afetando virtualmente todas as áreas de sua vida.

Rebecca sempre foi uma criança quieta. Ela nunca falava durante a aula e temia os momentos inevitáveis em que os professores a chamariam para responder a uma pergunta. As outras crianças zombavam dela por ser tão quieta e assustada como um ratinho. Apesar de seu desconforto, Rebeca conseguiu suportar até chegar ao segundo grau. Ela nunca se envolvia em qualquer atividade extracurricular, nunca tinha encontros com rapazes, nunca teve muitos amigos. Mas, segundo ela, essa época de sua vida era fácil, comparada ao que veio depois.

Rebecca decidiu ir para uma escola comunitária. Embora fosse brilhante, ela não havia tido notas muito altas no primeiro grau; uma escola comunitária parecia ser sua única opção. O ano começou mal. Rebecca ficou doente com mononucleose. Ela teve de perder um mês de aulas e ficou atrasada em seu trabalho escolar. E se isto não fosse o bastante, ainda estava fraca quando começou a assistir às aulas, suas mãos estavam um pouco inseguras e trêmulas. Você provavelmente já aprendeu o suficiente para adivinhar o que aconteceu a seguir. Rebecca começou a preocupar-se se os outros haviam notado suas mãos trêmulas. Bem, para resumir uma longa história, Rebecca ficou paralisada de medo, foi incapaz de manter suas notas, e logo desistiu da escola.

As coisas foram de mal a pior. Rebecca conseguiu um emprego num orfanato. Ela deveria lidar principalmente com papéis, com o que não se importava, pois poderia trabalhar sozinha. Porém, ela também deveria supervisionar as refeições das crianças, para ter a certeza de que estas estavam comendo e se comportando adequadamente. Esta parte do trabalho era assustadora para Rebecca, embora ela gostasse de crianças. Ela era incapaz de lidar com a situação quando alguma das crianças se comportava mal, pois tinha medo de dizer qualquer coisa. Ela logo deixou esse emprego. Na verdade, tentou vários trabalhos diferentes, mas terminou deixando ou sendo demitida de cada um deles.

Rebecca desistiu de trabalhar e começou a ficar metade de seu dia na cama. Ela sentia que esse era o único lugar em que poderia estar a salvo do exame e da avaliação das outras pessoas. Quando estava vestida e andando pela casa, temia que o telefone tocasse a qualquer momento, ou que alguém batesse à sua porta. Rebecca sentia-se terrivelmente culpada por seu comportamento. Aqui estava ela, o dia inteiro em casa, enquanto seus pais estavam trabalhando. Ela desejava que ao menos pudesse ir ao supermercado e assim pudesse fazer o jantar. Até mesmo as situações cotidianas envolvendo outras pessoas (como dar o dinheiro ao caixa) haviam-se tornado demasiado para ela. Embora seus pais tentassem ser compreensivos, desejavam que sua filha pudesse começar num novo emprego, talvez pudesse encontrar um pequeno apartamento para si mesma, e encontrar um bom homem para sair. Algumas vezes eles ficavam tão frustrados que diziam para Rebeca coisas das quais mais tarde se arrependiam.

Se você se encontrar numa situação similar à de Rebecca, temendo quase todo o contato social, não se desespere. É claro que superar uma fobia social generalizada desta magnitude levará tempo e exigirá bastante trabalho, mas isto pode ser feito. Seguir as diretrizes resumidas nos próximos capítulos deste livro pode ajudá-lo muito. Mas você também pode achar que precisa trabalhar com um profissional de saúde mental experiente. No Capítulo 17, discutiremos quando e como descobrir um terapeuta adequado.

Quais São os Sintomas da Fobia Social?

Os sintomas da fobia social podem, em geral, ser agrupados em três grandes categorias. A primeira inclui os sintomas corporais da ansiedade, que podem ser experienciados quando você está nas situações sociais que teme ou quando as imagina. A segunda inclui suas cognições (pensamentos) e expectativas sobre essas situações sociais. A terceira inclui suas ações ou comportamentos relacionados a essas situações. Vamos examinar primeiro os sintomas corporais.

SINTOMAS CORPORAIS

Provavelmente, você experiencia diversas reações corporais desagradáveis quando teme a desaprovação social. Essas reações podem incluir um ou uma combinação dos seguintes sintomas:

- aceleração dos batimentos cardíacos, ou palpitações;
- tremores;
- respiração curta;
- suor;
- rubor;
- desconforto abdominal;
- tonturas.

Você pode também experienciar diversos outros sintomas corporais. Nós o ajudaremos a avaliar a reação de seu corpo ao medo no Capítulo 4, e o ensinaremos a lidar com essas reações no Capítulo 5.

Algumas vezes, esses sintomas aparecem rapidamente, tornam-se bastante intensos, e então diminuem com o passar do tempo. Esta experiência é chamada de *ataque de pânico*. Pânico é uma palavra que descreve o medo intenso que você pode sentir quando é confrontado com algumas situações sociais. Além dessas experiências intensas, semelhantes ao pânico, você também pode experienciar uma tensão crônica por estar continuamente "em guarda". Essa tensão crônica pode resultar em dores de cabeça, fadiga, dores de estômago e outros sintomas relacionados ao estresse. O Capítulo 12 dá algumas dicas a respeito de como administrar mais efetivamente o estresse.

SINTOMAS COGNITIVOS

Além de experienciar diversos sintomas corporais de ansiedade, você provavelmente tem alguns pensamentos a respeito de como *deveria* ser em situações sociais. Observe que a palavra "deveria" está enfatizada.

Antes de terminar de trabalhar com este livro, você aprenderá que alguns *deverias* podem ser perigosos para a sua saúde mental! Quando está numa situação social e experiencia ansiedade intensa, você provavelmente tem muitos pensamentos em sua mente. Esses pensamentos podem ser tão freqüentes e automáticos, que escapam ao seu controle. Imagine-se na situação social mais recente que lhe causou ansiedade. Que tipos de pensamentos estavam passando por sua mente? Se você não se lembra deles, está tudo bem. Com freqüência, eles são tão rápidos que, no início, você pode não ser capaz de segui-los. Você pode ter alguns dos seguintes pensamentos:

- *pareço fora de lugar;*
- *pareço estúpido;*
- *não me encaixo;*
- *estou estragando tudo.*

Muitos psicólogos chamam esses tipos de pensamentos de *irracionais*. No dicionário *Webster*, irracional é definido como "não baseado na razão" ou "pensamento imperfeito". Bem, não achamos que seu pensamento seja falho ou sem razão. Assim, preferimos chamá-los de pensamentos *não-adaptativos*. "Não-adaptativo" é definido como "pouco condizente ao uso, objetivo ou situação específica". Em outras palavras, pensar dessa maneira não o ajuda em situações sociais. Na verdade, tais pensamentos tornam mais provável que você fique ansioso e, conseqüentemente, tenha um desempenho pobre ou desconfortável. Esta é uma das características mais paradoxais da ansiedade — ao pensar que o pior acontecerá você pode inconscientemente fazê-lo acontecer. No Capítulo 4, o ajudaremos a avaliar os sintomas cognitivos de sua fobia social. O Capítulo 6 lhe mostrará formas de desafiar e, finalmente, mudar esses padrões de pensamento não-saudáveis.

SINTOMAS COMPORTAMENTAIS

Os sintomas comportamentais da fobia social são uma resposta à sua experiência de desconforto intenso em situações sociais. Da mesma forma que a dor física, a ansiedade é um sinal de alerta de que você precisa fazer algo. Contudo, as pessoas com fobias sociais normalmente respondem a este sinal de alerta de uma forma que tipicamente não as ajuda.

A primeira dessas respostas — congelar — não pode ser classificada de modo algum como uma ação. Na verdade, ela é a ausência de ação. Congelar (ou o termo mais técnico, *imobilidade atônica*) é uma resposta fisiológica completamente involuntária, que pode acontecer quando você percebe o perigo. De início, essa resposta serviu para ajudar nossa espécie a desenvolver-se e sobreviver, mas atualmente é completamente não-adaptativa. Na Pré-história, a resposta de congelamento ocorreria em momentos de perigo mortal, assim como diante de um animal ameaçador. A resposta de congelamento dava tempo para avaliar o perigo da situação e evitava ações impulsivas que poderiam provocar um ataque. A imobilidade também aumentava a chance de camuflagem nos casos em que a fuga ou a agressão eram impossíveis.

Quando os seres humanos experienciam essa resposta de congelamento, ela inibe ou impede ações voluntárias, como o movimento, a fala ou a lembrança. É por isso que quando você fica apavorado em uma situação que envolve outras pessoas, pode ficar literalmente incapaz de falar. Você poderia até mesmo ter dificuldade em lembrar seu nome ou o número de seu telefone! Em resumo, você se sente paralisado. É importante lembrar que essa resposta normalmente dura pouco, e vai passar se você permanecer um pouco mais na situação.

Outro sintoma comportamental que provavelmente você experiencia é a fuga. Já observamos que como muitas situações sociais são desconfortáveis, provavelmente você as evitará por completo. Sua fuga não é diferente da fuga da pessoa que tem medo de elevadores e, conseqüentemente, escolhe subir pelas escadas. Contudo, nem todas as pessoas evitam completamente as situações temidas. Algumas são incapazes ou não querem evitá-las e, assim, sofrerão com as situações que temem ou podem usar formas sutis de fuga. Por exemplo, você pode entrar numa situação, mas logo ir embora. Isto é chamado de *comportamento de fuga*. Ou, quando está numa situação social, você pode tentar não reconhecer o seu ambiente e distrair-se: por exemplo, sua mente pode divagar, você pode ficar brincando com uma caneta ou dissociar-se da situação, talvez olhando fixamente para um canto da sala ou, de algum modo, refugiando-se em seu próprio mundo particular. Sonhar acordado é uma forma comum pela qual as pessoas se dissociam. Tanto a distração quanto a dissociação são formas de fuga.

A importância de conquistar esses tipos mais sutis de fuga ficará clara quando você começar a trabalhar nos capítulos a respeito de tratamento, na Parte IV. Também tentaremos mostrar-lhe como qualquer tipo de fuga pode tornar as coisas piores, a longo prazo.

Quem é Afetado pela Fobia Social e Quanto Ela é Comum?

A fobia social é bastante comum. Ela é o segundo distúrbio de ansiedade mais comum e dificulta significativamente a vida de 2 a 3% da população dos Estados Unidos. Outros 20% têm formas menos perturbadoras de fobia social, pois conseguem evitar a situação que temem. Isso significa que, literalmente, milhões de pessoas sofrem de fobia social. Você não está sozinho!

Você pode então perguntar: "Se a fobia social é tão comum, por que não ouvi falar sobre isto antes?". Esta é uma boa pergunta. Uma das razões é que a fobia social recebeu muito pouca atenção da mídia, diferentemente do que aconteceu com outros distúrbios de ansiedade. Um grupo de especialistas chamou a fobia social de "distúrbio de ansiedade negligenciado". Embora o diagnóstico de fobia social seja relativamente recente, o distúrbio existe desde a história antiga. O grego Hipócrates, considerado o pai da medicina moderna, foi descrito como tendo muitas das características da fobia social. Celebridades atuais como Willard Scott e Carly Simon discutiram abertamente sua luta com as fobias sociais.

As pesquisas demonstraram que a fobia social parece afetar ligeiramente mais às mulheres do que aos homens na população geral. Tradicionalmente, e em especial na época vitoriana, a timidez era considerada um traço positivo nas mulheres. Em muitos romances do século XIX, palavras como "tímida" e "retraída" eram usadas como descrições elogiosas para personagens femininos! Não é difícil ver como essa tradição pode ter evoluído para a grande predominância de fobias sociais entre as mulheres de hoje. Entretanto, a fobia social é comum em ambos os sexos, embora os homens pareçam buscar mais tratamento do que as mulheres. As razões para isto ainda não são claras, mas pode ser que as fobias sociais interfiram mais com os tipos de trabalho que ainda tendem a ser ocupados predominantemente por homens. Isto pode se modificar à medida que os papéis dos homens e das mulheres continuem mudando em nossa sociedade.

A fobia social aparece tipicamente entre os quinze e vinte anos de idade, embora também possa começar em outros momentos. Você pode lembrar-se de ter-se sentido nervoso quando tinha de falar diante de sua classe na escola primária. O pensamento atual sobre os distúrbios de ansiedade infantil sugere que algumas fobias escolares (quando as crianças se recusam a ir para a escola porque têm medo) podem ser uma forma inicial de fobia social. Até então, é provável que você não soubesse que tinha uma fobia social. Assim como Amy, que era incapaz de urinar em banheiros públicos, você também pode ter escondido o seu problema. Você pode ter achado que era esquisito, nunca tendo imaginado que seus medos de fato eram bastante comuns. E se você juntou coragem para falar com alguém sobre o seu problema, pode ter encontrado comentários bem-intencionados mas que o diminuíam como: "Grande coisa! Todo mundo fica nervoso diante de uma multidão". Os profissionais de saúde mental podem não ter tido a menor idéia de como tratar o seu problema.

Felizmente, isso está mudando. Muitos pesquisadores se interessaram pelas fobias sociais, e novos tratamentos estão sendo estudados. Os métodos deste livro já provaram ser muito eficazes para ajudar as pessoas a superar os seus medos e a sua ansiedade social. A ajuda está disponível!

Resumo

A característica essencial da fobia social é um medo persistente de uma ou mais situações em que você ou o seu comportamento podem ser avaliados pelos outros; ela é, em essência, medo de desaprovação. Há dois tipos de fobias sociais. As fobias sociais específicas envolvem uma área focalizada de medo, desconforto e fuga. Situações sociais comuns, em que uma fobia pode se desenvolver, incluem falar em público, divertir uma platéia, comer em restaurantes, escrever em público, fazer exames e escrever sob a pressão de um prazo ("bloqueio de escritor"), usar banheiros públicos e sair com pessoas do sexo oposto. As fobias sociais generalizadas envolvem o medo de uma ampla variedade de situações sociais.

Os sintomas da fobia social podem ser agrupados em três categorias. Os sintomas corporais incluem suor, rubor, tremores e outros sinais físicos de ansiedade. Os sintomas cognitivos incluem pensamentos e crenças não-adaptativos sobre situações sociais. Os sintomas comportamentais incluem a resposta de congelamento e a fuga.

A fobia social afeta literalmente milhões de pessoas. O conhecimento dos profissionais de saúde mental a respeito deste distúrbio está aumentando rapidamente. Existem, agora, métodos comprovadamente eficazes que podem ajudá-lo a superar os seus medos sociais.

2

As causas da fobia social

Agora que você já leu a respeito da fobia social, já deve ter uma idéia mais clara a respeito. Talvez você tenha-se identificado com um dos exemplos de caso que apresentamos. Descobrir que não está sozinho pode ser reconfortante, mas muitas questões ainda podem estar importunando-o. Por exemplo, você pode estar se perguntando: "Por que eu?". "Como desenvolvi uma fobia social?". "Por que este problema simplesmente não vai embora?"

A pesquisa nesta área ainda é limitada, pois a fobia social só apareceu como um diagnóstico oficial em 1980. Não há uma explicação única, aceita como causa da fobia social. Na verdade, a maioria dos especialistas concorda que as origens da fobia social ainda não estão claras!

Muito provavelmente, você não ficou nada animado com estas notícias. Mas não perca a esperança. A pesquisa continua e já existem algumas idéias promissoras a respeito do que causa e do que mantém uma fobia social. Neste capítulo, discutiremos algumas dessas idéias. Tanto a biologia quanto o ambiente foram propostos como fatores que contribuem para o aparecimento da fobia social.

COMO AS FOBIAS SOCIAIS SE DESENVOLVEM?

CONTRIBUIÇÕES BIOLÓGICAS

As possíveis contribuições da biologia têm sido uma importante área de investigação, desde que as causas da fobia social começaram a interessar os pesquisadores. Na verdade, algumas autoridades acreditam que a causa primária da fobia social é biológica. As explicações biológicas da fobia social foram extraídas da bioquímica, da genética e da psicologia experimental. Foram propostas três grandes idéias a respeito de como a biologia poderia afetar as fobias sociais: irregularidades bioquímicas, predisposições genéticas e a evolução de sensibilidade biológica à desaprovação.

Irregularidades Bioquímicas. David Sheehan, um psiquiatra e especialista no campo dos distúrbios de ansiedade, a partir de seu trabalho em 1966, argumentou que a ansiedade, inclusive a ansiedade social, é uma "doença" com uma base biológica. A idéia de que a ansiedade era uma doença foi muito promissora e estimulou muitas pesquisas. Cientistas e médicos começaram a se perguntar como as mudanças bioquímicas poderiam influenciar o desenvolvimento da fobia social.

De acordo com o dr. Sheehan, a fobia social é simplesmente um problema que envolve ataques de pânico em situações sociais. Você se lembra de ter lido no capítulo anterior que ataques de pânico são ondas súbitas de sintomas de ansiedade que incluem tipicamente a aceleração do coração, a respiração curta, a tontura, o suor e, em graus variáveis, um sentimento de que você está ficando louco, perdendo o controle ou morrendo. Numa perspectiva estritamente biológica, o pânico é visto como uma desregulação das substâncias químicas que permitem que o sistema nervoso funcione. Essa desregulação dispara todo o tipo de alarmes falsos. Para dar suporte a esta visão, há muitas pesquisas que investigam como se pode produzir pânico, fazendo com que as pessoas ingiram determinadas substâncias químicas em situação de laboratório. De modo semelhante, diversos medicamentos são eficientes no tratamento do pânico, o que também apóia o papel da bioquímica.

O dr. Sheehan afirma que as pessoas começam a evitar as situações sociais porque temem ter outro ataque de pânico. Portanto, uma fobia social é o medo de experienciar um desses alarmes biológicos falsos (em outras palavras, pânico) em situações sociais.

Existem diversos problemas com a teoria do dr. Sheehan. Primeiro, para a maioria das pessoas com uma fobia social, a preocupação principal não é com o ataque de pânico, mas com a desaprovação potencial dos outros, que poderiam julgar seu comportamento ansioso. Segundo, desde a época em que o dr. Sheehan apresentou esse tipo de doença, pesquisas laboratoriais verificaram que as substâncias químicas que causam ataques em pessoas propensas ao pânico (cafeína e lactato de sódio, por exemplo), não produzem ataques de pânico em pessoas com fobia social. Terceiro, muitas pessoas com fobia social nunca desenvolvem ataques de pânico.

Apesar dos problemas com a teoria do dr. Sheehan, há pesquisas que dão suporte a uma explicação biológica do desenvolvimento da fobia social. Por exemplo, um estudo descobriu diferenças entre os sintomas físicos relatados por indivíduos socialmente fóbicos e agorafóbicos (agorafóbicas são pessoas que evitam situações porque têm medo de sentir pânico). Embora os dois grupos tenham muitos sintomas em comum, uma equipe de psicólogos ingleses observou que os indivíduos socialmente fóbicos relataram mais rubor e tremores musculares — sintomas que tendem a ser visíveis aos outros — do que os indivíduos agorafóbicos. Na verdade, esta pesquisa sugere que as pessoas com uma fobia social têm uma reação física aumentada às situações sociais que lhes causam ansiedade. Este é o caso de Ron.

Desde a infância, Ron tinha um problema com suor. Ele se lembra de que gotas de suor escorriam em sua testa quando tinha de responder alguma coisa em sua classe do terceiro ano. O suor tornou-se um problema tão grande, que seus pais o levaram a diversos médicos, que não conseguiam achar uma razão médica para o problema que, com o passar do tempo, só se agravava. Qualquer situação em que tivesse de estar em contato ou em que ele pensasse que teria de estar em contato com as pessoas, em especial com mulheres, fazia com que Ron transpirasse. Sua camisa estava molhada no final do culto religioso. Uma vez ele foi fazer uma entrega para seu patrão, e suou tanto que uma secretária perguntou-lhe se estava chovendo.

Outra forma que os sintomas de fobia social sugerem que haja uma origem biológica é que tipicamente eles não passam com o tempo, às vezes mesmo que tenha sido feito um esforço para superá-los. Ron, por exemplo, lembra-se de ter sido ansioso desde a terceira série. Assim como ele, você pode descobrir que os seus sintomas não diminuíram ao longo dos anos, apesar dos esforços que possa ter feito para conquistá-los. Em alguns casos, os sintomas podem até mesmo piorar com o tempo. Os pesquisadores têm tentado sugerir que as pessoas socialmente fóbicas são muito mais sensíveis a algumas substâncias químicas liberadas pelo organismo em situações estressantes. Ou, então, que no caso das pessoas com uma fobia social, essas substâncias químicas poderiam estar presentes em quantidades aumentadas ou serem ativas por um período maior de tempo. Infelizmente, os estudos que tentaram testar essa teoria tiveram resultados inconclusivos. Não sabemos em que extensão os problemas bioquímicos contribuem para a fobia social.

Predisposição Genética. Outra área de pesquisa que dá suporte às explicações biológicas da fobia social é o estudo de famílias. Em nossa clínica, vemos com freqüência pessoas que relatam que outros membros de sua família são ansiosos, "preocupados" ou têm medos sociais. Tanto a experiência clínica quanto a pesquisa sugerem que os pais de pessoas diagnosticadas como tendo fobia social apresentam uma tendência a ser superprotetores, a ter medos sociais, e a ser sensíveis às opiniões dos outros. Considere a sua própria família — poderia ser este o caso?

Isto levou alguns pesquisadores a pensar que não é apenas o ambiente familiar, mas também a genética que influencia o desenvolvimento da fobia social. Infelizmente, tem havido pouca pesquisa nesta área. A pesquisa existente sugere uma contribuição genética para a fobia social. Num estudo publicado em 1979, o dr. Svenn Torgerson descobriu maior incidência de medos sociais como preocupação com estar sendo observado por estranhos ao trabalhar ou ao comer, entre gêmeos idênticos do entre gêmeos fraternos. Esta distinção é importante pois os gêmeos idênticos têm exatamente os mesmos genes, enquanto que os gêmeos fraternos não. É possível, então, que alguns aspectos da fobia social possam ser herdados, mas isso não parece ser verdadeiro para todos os casos de fobia social, pois ainda é necessária muita pesquisa nesta área.

Um caso em que a genética parece agir claramente é o das pessoas que têm Tremor Familiar Essencial — um tremor motor fino, comum e herdado dominantemente (tremor nas mãos). Herdado dominantemente refere-se ao fato de que, se um de seus pais tiver essa condição, há uma forte probabilidade de que você também a tenha. Esta condição é agravada pela cafeína e por outros estimulantes, e pode aparecer de forma severa quando a pessoa está sob estresse. Se as pessoas que têm esta condição tornarem-se autoconscientes a respeito do tremor, é mais do que provável que desenvolvam uma fobia social.

Sensibilidade Inerente à Desaprovação. Outra idéia a respeito do que causa as fobias sociais vem da "teoria da preparação". Esta teoria sugere que os seres humanos estão biologicamente preparados para reagir a sinais de desaprovação dos outros. O seu corpo está preparado e esperando para reagir ao que você perceber como uma situação ameaçadora. O medo, neste contexto, é uma reação automática. De acordo com a teoria da preparação, você é mais reativo e, portanto, mais propenso a desenvolver uma fobia com relação a determinados tipos de coisas.

Um pesquisador, o dr. Arne Ohman, descobriu que as pessoas não só estão preparadas para temer determinados animais selvagens, mas também estão preparadas para temer faces que possam ser interpretadas como bravas, críticas ou rejeitadoras. Sua pesquisa, confirmada por outros estudos, também descobriu que essas reações não são voluntárias, mas de natureza mais automática, e acontecem de forma muito rápida. As pessoas tendem a associar esses tipos de expressões faciais com conseqüências negativas. Este tipo de reação automática é difícil de superar.

Descobriu-se que o contato ocular contribui para essa sensibilidade inerente. Entre os animais, o contato ocular direto pode ser muito assustador. Quando as pessoas estão assustadas, a freqüência de contato ocular diminui. Um dos problemas relatados por muitas pessoas com fobia social é o seu desconforto ao ter contato ocular, especialmente com estranhos.

Parece, então, que o sistema de alarme biológico dos seres humanos tem uma sintonia fina para responder a ameaças, incluindo talvez a ameaça de desaprovação. A bioquímica, os genes e as sensibilidades inatas podem se combinar para aumentar as chances de que uma fobia social se desenvolva. Contudo, embora a biologia tenha um papel em seu comportamento, isto não significa que o resultado é predeterminado. Como você verá ainda neste capítulo, o mais provável é que os fatores biológicos interajam com outros elementos antes que uma fobia social se desenvolva.

CONTRIBUIÇÕES AMBIENTAIS

Enquanto você estava lendo os itens anteriores, pode ter pensado consigo mesmo: "Eu já revisei várias vezes a árvore genealógica de minha família e não encontrei ninguém com a menor queixa de ansiedade. Será que sou a exceção dessas teorias?". Provavelmente não. Nem todas as explicações da fobia social são biológicas. Há três modos em que o seu ambiente pode também influenciar o desenvolvimento de uma fobia social: por meio de experiências sociais negativas, de modelos de comportamento de medo social, e transmitindo informação incorreta sobre situações sociais. Talvez, lendo um pouco mais, você descubra um exemplo que combine com sua própria experiência de fobia social.

Aprendendo com Experiências Sociais Negativas. Outra explicação para a fobia social envolve experiências negativas em situações sociais. Se você experiencia como traumático um desempenho fraco ou uma "gafe" que tenha cometido, pode ficar com medo quando se encontrar novamente em circunstâncias similares. Também é provável que você passe a temer ou a evitar outras situações em que possam ocorrer "gafes" ou embaraços semelhantes. Este temor pode, por si só, comprometer o seu desempenho numa situação social futura.

Os medos podem se desenvolver a partir de uma série de acontecimentos meramente perturbadores, como resultado de um efeito "bola de neve" de uma situação ansiosa, seguindo-se a outra situação ansiosa. Para outras pessoas, uma grande experiência traumática desencadeia a fobia social: uma única experiência pode "armar a bomba" para a ansiedade social futura. Vejamos o que aconteceu com Allison.

Allison, aos dez anos de idade, estava muito animada com a apresentação do coro de Natal de sua escola. Ela sabia que sua mãe, sua avó e seus amigos estariam na platéia. Quando o grande dia finalmente chegou, Allison vestiu o uniforme do coro e amarrou o laço vermelho brilhante em volta do pescoço. A sua animação crescia, enquanto o coro caminhava para o auditório lotado. Tudo estava transcorrendo de modo perfeito. Contudo, quando o coro começou a cantar, ela começou a sentir-se resfriada. Suas faces ficaram quentes e ela começou a ter dificuldade para respirar. Ela se sentia como se fosse desmaiar. Uma das professoras notou que Allison estava passando mal e ajudou-a a deixar o palco. Enquanto ela saía, reparou que diversas pessoas na platéia estavam rindo, e teve a certeza de que estavam rindo dela. Na semana seguinte, quando o coro foi se apresentar numa casa de repouso de idosos, Allison teve dor de estômago. Depois disso, começou a recusar-se a fazer resumos de livros em voz alta na classe.

Allison considerava ter de deixar o palco como a pior coisa que poderia ter-lhe acontecido. Ela se sentiu humilhada. Estava especialmente envergonhada porque uma professora teve de socorrê-la. Ela associava fazer algo diante de outras pessoas (e ficar nervosa e sair) com o risco de desaprovação. Era mais fácil evitar completamente a situação do que correr o risco.

Aprendendo com o Exemplo. Como já mencionamos, muitas pessoas socialmente fóbicas contam que tinham pais que eram ansiosos. É possível que o modelo social possa ser aprendido ao observar outras pessoas com o mesmo medo. Um grupo de psicólogos da *State University de Nova York, em Albany*, descobriu que os pais de pessoas com uma fobia social eram mais temerosos socialmente e mais preocupados com as opiniões dos outros, do que os pais de pessoas com distúrbios de ansiedade. Embora uma interpretação dessa informação possa apoiar uma explicação genética da fobia social, uma outra merece atenção.

Os primeiros modelos de papéis que as crianças têm são os seus pais. Elas imitam o que os pais dizem e, provavelmente, imitam o que eles fazem. Por exemplo, se um pai parece ansioso em situações sociais, a criança pode começar a sentir-se ansiosa em situações semelhantes. Da mesma forma, se um pai evita situações sociais, a criança também pode começar a temê-las e a evitá-las.

Embora os pais tenham um impacto significativo, não são os únicos modelos de papéis de uma criança. À medida que crescem, elas são expostas a uma variedade de pessoas que têm comportamentos diferentes. Você pode ter a oportunidade de aprender muitos comportamentos úteis e produtivos; infelizmente, nem sempre podemos escolher que modelos seguir. De modo geral, as pessoas tendem a ser mais influenciadas pelas pessoas importantes em sua vida (como os pais). Isto é especialmente verdadeiro quando as mensagens, verbais e não-verbais, são repetidas com freqüência.

Parece que as fobias sociais podem ser aprendidas, pelo menos em parte, ao observar e imitar o comportamento dos outros. Entretanto, não foi feita pesquisa suficiente para concluir se este é, de fato, um fator importante no desenvolvimento da fobia social.

Aprendendo Informações Incorretas. Outra forma em que o ambiente pode contribuir para uma fobia social é transmitindo informações falsas, que podem levá-lo a exagerar o perigo envolvido nas situações sociais. Você é bombardeado por informações em cada minuto em que está acordado. Nem toda informação é precisa. Quando uma informação distorcida é transmitida, ela pode causar medo. A história de Jeremy é um bom exemplo de como uma informação errônea pode causar problemas.

Jeremy era uma pessoa de baixa estatura. Na idade adulta, media 1,67 m. Mesmo quando criança, estava sempre na primeira fila quando era fotografado em sua classe — esta era a fila em que estavam todos os garotos pequenos. Ele se lembra de que seus pais se referiam a ele como o seu "homenzinho perfeito". Mesmo antes da adolescência, Jeremy aprendeu o que era ser adequadamente masculino. Amigos, parentes e a mídia lhe transmitiam, às vezes de maneira sútil, às vezes nem tanto, o estereótipo do homem americano. Jeremy cresceu acreditando que tinha de ser durão e sempre projetar uma imagem de masculinidade. Infelizmente, em sua opinião, seu corpo e sua voz não estavam à altura dessa imagem. A descrição que seus pais faziam dele lhe parecia uma contradição: como poderia um homenzinho ser perfeito? Na escola, invejava os jogadores de futebol. Ele era provocado pelos garotos maiores, e protegido pelas meninas. Além de seu tamanho pequeno, tornou-se temeroso de que as pessoas achassem que sua voz era efeminada, e passava longas horas sozinho em seu quarto, tentando forçar uma voz grave de baixo, que não era natural.

Jeremy era especialmente cauteloso em relação a sair com as garotas. Estava sempre em guarda para a mínima indicação de que sua acompanhante o achava pouco masculino. Ele usava uma máscara de durão, que escondia sua sensibilidade verdadeira. Com freqüência, acabava sendo defensivo e inclinado a discussões. Sair com as garotas tornou-se tão doloroso e embaraçoso para ele que simplesmente acabou desistindo.

Jeremy tinha baseado suas crenças a respeito da masculinidade em duas informações distorcidas comuns. A primeira era de que todos os homens masculinos eram grandes e durões, como os homens nos anúncios da Marlboro. Esta idéia a respeito do que significa ser um adulto masculino na sociedade americana não leva em conta a ampla variedade de atributos e características pessoais que podem ser atraentes para os outros. Jeremy acreditava que ele poderia e deveria moldar-se à imagem do homem de Marlboro. Mas, como ele, por natureza, não tinha 1,95 m, nem era musculoso, sentia-se envergonhado. Ele se desesperava por não estar à altura do estereótipo: não se considerava suficientemente masculino.

Jeremy também agia baseado na crença errônea de que tinha de ser perfeito para ser aceito pelos outros. Ele se sentia humilhado quando percebia que seu desempenho não era menos que perfeito. Agradar às pessoas à sua volta era importante para ele, pois, caso contrário, estaria arriscado a receber desaprovação. Jeremy sentia-se muito infeliz, pois seus objetivos eram muito irreais.

Manter uma crença baseada em informação incorreta pode levar a todo tipo de problemas. Pense como são comuns as frases com informações incorretas. Por exemplo: "Você não pode ser magra demais ou rica demais", ou "Se você não pode fazer certo, então não faça". "Eu poderia ter morrido de vergonha." Obviamente, queremos mostrar como a última afirmação pode lhe dar uma informação incorreta e desencaminhar o seu comportamento.

Talvez uma ou mais destas explicações sobre as possíveis causas da fobia social tenham tocado um ponto dentro de você. Como mencionamos no início, diversos fatores — tanto biológicos quanto ambientais — podem contribuir para o desenvolvimento de uma fobia social. Na verdade, a idéia de uma "combinação de fatores" para explicar as origens dos distúrbios de ansiedade está recebendo atualmente cada vez mais suporte da comunidade científica. Quanto maior o número de fatores que um caso individual apresentar, maior a possibilidade de desenvolver medos sociais. A idéia de uma causa única para a fobia social parece mais improvável à medida que surgem mais informações sobre este distúrbio.

POR QUE AS FOBIAS SOCIAIS CONTINUAM DEPOIS QUE APARECEM?

Saber o que originalmente causou uma fobia social é apenas parte do quadro. Quanto tempo uma fobia social dura e quão severa ela é depende de diversos fatores adicionais. Em particular, a forma como você interpreta as situações sociais que teme e como lida com elas, determinará se sua fobia social desaparecerá, permanecerá num nível controlável ou ficará pior com o tempo. Vamos examinar agora em detalhes o que pode determinar o curso de uma fobia social.

FATORES COGNITIVOS: PERCEPÇÕES DISTORCIDAS DE AMEAÇA

O que você pensa, e a forma como pensa pode ter um enorme impacto sobre seu comportamento. Uma pessoa que comete um erro ridículo de pronúncia em frente a amigos pode experienciar o engano como uma oportunidade para riso, como um momento de liberação de tensão, e não pensar mais nisso. Em contraste, a pessoa com fobia social pensa em uma experiência idêntica como dolorosamente humilhante e pode remoê-la por horas ou até mesmo dias. Como a mesma situação pode ser interpretada de formas tão diferentes? Uma explicação envolve os seus pensamentos e as suas crenças a respeito de situações sociais. O dr. Aaron Beck, que escreveu extensamente na área de terapia cognitiva para depressão e ansiedade, considera que o medo da desaprovação está no cerne da fobia social. Ele observa que, diferentemente do que acontece em muitas outras fobias, há uma certa verdade naquilo que a pessoa com fobia social teme. Em outras palavras, qualquer pessoa pode cometer um erro numa situação social. O que distingue ainda mais uma fobia social de outras fobias é que o fato que é temido (como suar, ter um desempenho fraco, parecer nervoso) pode facilmente ser provocada pela própria ansiedade.

E ainda há mais. As pessoas com fobia social tendem a perceber as situações sociais de medo. O medo que elas têm da situação, em geral, está baseado em diversas percepções distorcidas que tomam tipicamente duas formas: *distorções de probabilidade* abrir um pouco *distorções de severidade*. As distorções de probabilidade acontecem quando você exagera que algo ruim possa acontecer. No caso da fobia social, "algo ruim" é entendido como desaprovação. As distorções de severidade acontecem quando você exagera a gravidade das conseqüências, caso algo ruim realmente aconteça. Todas as pessoas cometem distorções de probabilidade e de severidade de vez em quando. Contudo, se essas distorções ficarem fora de controle, você pode tornar-se inutilmente temeroso e ansioso. Examinaremos em detalhe esses exageros do perigo social, e lhe mostraremos como trabalhar para corrigi-los, no Capítulo 6.

FORMAS NÃO-ADAPTATIVAS DE LIDAR COM O MEDO

Em algum ponto de sua luta com a fobia social, você pode ter dito a si mesmo: "Não consigo lidar com isto". No entanto, é muito mais provável que você *possa* lidar com isto: você apenas não está usando as formas mais construtivas para lidar com sua ansiedade, e o seu medo social persiste apesar de seus esforços para mantê-lo sob controle.

As formas não-adaptativas de lidar com o medo incluem os modos de "lidar" com sua ansiedade social sem resolver o problema: você poderia evitar todas as situações sociais potencialmente embaraçosas; poderia automedicar-se com drogas ou com álcool quando fosse inevitável estar numa situação social. Essas duas estratégias são não-adaptativas. Embora possam provocar um alívio temporário, rapidamente elas se tornam parte do problema. A longo prazo, essas estratégias alimentam sua ansiedade e mantêm vivo o seu medo da desaprovação. Vamos verificar algumas formas nas quais o seu modo não-adaptativo de lidar com o medo possa estar piorando sua fobia.

Evitar Situações Sociais. Uma das maneiras mais comuns de lidar com a ansiedade é evitá-la. Pense como sua vida seria mais fácil se você nunca tivesse de usar um banheiro público, comer em um restaurante, falar para um grupo ou sair com pessoas do sexo oposto! Não haveria nenhum risco de desaprovação para deixá-lo ansioso. Claro que você sofreria por outras razões. Sua vida se tornaria cada vez mais restrita. Você poderia ter problemas em seu trabalho por ficar se recusando a dar palestras ou a almoçar com um cliente. Talvez você esteja dizendo para si mesmo: "É melhor não levar meu cliente para almoçar do que deixá-lo me ver suando sobre minha salada". Mas, e aquela venda que foi cancelada, aquele cliente que você perdeu, aquela promoção que você não recebeu? A fuga temporária do desconforto realmente valeu seu preço?

Além de restringir sua vida, a fuga não permite que você teste suas crenças e descubra se estava ou não exagerando a probabilidade ou a severidade de experienciar desaprovação. Cada vez que você evita uma situação ou diz para si mesmo: "Eu não posso fazer isto", você joga fora sua autoconfiança. Quanto menos confiante você estiver, mais ansioso ficará quando tiver de encarar uma atividade ameaçadora. À medida que sua autoconfiança diminui e sua ansiedade aumenta, você fica mais tentado a evitar a situação que teme. Finalmente, pode considerar que a ansiedade é demais para você, e passe a evitar ativa e completamente essas situações. Muitos de nossos clientes nos dizem que o seu medo de falar em público não os torna nem um pouco ansiosos, pois nunca fazem discursos! Se você continuar evitando as situações que teme, os seus medos sociais provavelmente permanecerão entrincheirados.

Preocupação. Outro fator que mantém uma fobia social é a preocupação. Agora você pode estar dizendo para si mesmo: "Todo mundo se preocupa". Claro, isto é verdade: mas há tipos razoáveis e não razoáveis de preocupação. Estamos nos referindo aqui a ficar remoendo a respeito de um perigo que pode ou não acontecer. Essa repetição obsessiva de pensamentos temerosos é difícil de desligar, e diminui sua habilidade de descobrir soluções ou de lidar efetivamente com sua ansiedade. Na verdade, a preocupação prolonga a sua ansiedade e é provável que você fique ansioso quando encontrar a situação que teme.

Então, com o que você se preocupa quando tem uma fobia social? Basicamente, preocupa-se com o seu desempenho, com a reação dos outros, e com o modo como irá lidar com a reação deles. A história de Jessie é um bom exemplo de como a preocupação pode afetar a ansiedade social.

Jessie descrevia a si mesma como uma pessoa "preocupada". Ela era uma excelente aluna, e na universidade foi convidada para um grupo seleto, uma fraternidade *Phi Beta Kappa*. Ela estava envolvida em diversas organizações escolares — a fraternidade, grupos políticos, e assim por diante. Apesar de seu envolvimento ativo em muitas atividades sociais, ficava apavorada quando saía com algum rapaz. Ela ficava ansiosa quando as conversas com um homem interessante passavam de assuntos políticos para assuntos pessoais, preocupava-se com a possibilidade de dizer algo errado, ou de que alguém notasse o seu nervosismo. E num encontro romântico era ainda pior. Ela estava convencida de que ficaria nervosa, de que teria enjôo de estômago "incontrolável" e de que chegaria a vomitar — o que faria com que o rapaz a odiasse. Claro, ela raciocinava, então todos no *campus* saberiam que ela havia vomitado num encontro. Ela ficaria completamente humilhada, ninguém mais a convidaria para sair, e ela ficaria sozinha pelo resto de sua vida.

Jessie espera pelo pior, não importava quais as outras possibilidades existentes. Ela se esqueceu completamente de suas forças e focalizou sua atenção em seus medos. Estes aumentaram completamente, além da proporção da situação. Em vez de pensar com desapegado à situação, Jessie preocupava-se muito, e a tendência era tornar tudo pior. Sua preocupação intensificava seus sentimentos de ansiedade e fazia com que sair com um rapaz ficasse ainda mais difícil.

É fácil ler sobre a situação de Jessie e pensar: "Ela está colocando tudo fora de proporção". Quando Jessie não estava nervosa, ela também era capaz de enxergar como o seu pensamento preocupado era catastrófico e irracional. Mas quando estava se sentindo ansiosa, suas preocupações pareciam muito reais e razoáveis. Nesses momentos, parecia inteiramente plausível que seus piores temores acontecessem. A preocupação pode ser um processo difícil de interromper por causa desta falta de julgamento nos momentos de medo, a menos que você saiba como identificar que está se preocupando e saiba o que pode fazer a respeito. A informação e as técnicas dos Capítulos 5 e 6 poderão ajudá-lo a quebrar o círculo vicioso da preocupação.

Avaliar o Seu Desempenho Enquanto Você Está Tentando Fazer Algo. Uma característica comum da ansiedade social é o foco na preocupação com a possibilidade de que seu comportamento esteja sendo observado, se você está indo bem, ou o que você imagina que os outros possam estar pensando de você. Em outras palavras, ao mesmo tempo em que você está fazendo algo, você está ocupado avaliando o seu desempenho e a sua situação. Embora isto seja uma coisa natural quando você está ansioso, isto também o enfraquece.

A preocupação consigo mesmo atua aumentando sua ansiedade. Talvez até mesmo mais importante, quanto mais você pensa sobre como está indo, ou tenta adivinhar a reação das outras pessoas, menos se concentra naquilo que está fazendo, e é mais provável que cometa um erro. O fato de ter cometido uma gafe pode torná-lo ainda mais ansioso. A preocupação consigo mesmo pode interferir em seu desempenho e aumentar suas chances de cometer o erro que você mais teme.

COMO TUDO ISTO SE ENCAIXA?

Como você pode ver, muitas coisas contribuem para o desenvolvimento e para a manutenção de uma fobia social. O diagrama a seguir pode ajudá-lo a perceber o conjunto dos diversos fatores discutidos neste capítulo.

Causas

Biológicas

Genéticas
Irregularidades bioquímicas
Sensibilidade à desaprovação

Ambientais

Experiências negativas
Aprender pelo exemplo
Informações errôneas

Medo da Desaprovação

 Manutenção

**Percepções Distorcidas
de Ameaça**

Exageros de probabilidade
Exageros de severidade

**Formas Não-adaptativas
de Lidar com o Medo**

Fuga
Preocupação
Preocupação consigo mesmo

    Outro exemplo pode ser útil para vermos como esses fatores se encaixam.
    Amanda sempre detestou falar em público, desde quando era muito pequena. Entretanto, ela se forçou, tornou-se advogada, e atuava no serviço público. Suas atividades profissionais e voluntárias lhe causavam muito desconforto, pois ambas a obrigavam a falar em público. Gradualmente, a provação de falar em público tornou-se tão desconfortável, que ela percebeu que deveria mudar de carreira ou então procurar ajuda profissional.
    O que poderia ter causado a fobia social de Amanda? Bem, sua mãe era uma pessoa muito preocupada; então, é possível que Amanda tenha herdado uma tendência a ser ansiosa ou até mesmo fóbica socialmente. Ela também lembrava-se como se fosse um pesadelo do primeiro relato de livro que teve de fazer no primeiro grau. Ela havia estado doente, com uma gripe forte e febre, mas voltou à escola para fazer sua apresentação à classe antes que estivesse completamente curada. Sentia-se fraca, trêmula, sem ar, em pé, diante da classe. Após o relato, achava que seu desempenho

havia sido terrível. Esta experiência negativa poderia ter contribuído para seu medo exagerado de desaprovação.

E o que a ajudou a manter a fobia e quando ela a desenvolveu? Primeiro, Amanda exagerava a probabilidade de que se ficasse sem ar durante sua fala seria desaprovada ou ridicularizada pelas pessoas. (A possibilidade de que isto realmente aconteça é muito pequena.) Ela também exagerava a severidade do que aconteceria se alguém a desaprovasse, pensava que se "despedaçaria" ou até mesmo perderia seu emprego na empresa de advocacia. Ela também se preocupava por diversos dias antes de ter de falar. Durante a provação, sua atenção ficava flutuando para seus sintomas físicos de ansiedade, especialmente para sua garganta seca. Amanda começou a temer tanto as ocasiões em que tinha de falar, que ficou adoentada várias vezes antes da palestra, e teve de telefonar avisando que não poderia comparecer.

O modelo de fobia social, para Amanda, ficaria assim:

Causas

Biológicas

Genéticas
(a mãe dela era ansiosa)

Ambientais

Experiências negativas
(sua experiência ruim, com
o relato de um livro, no
primeiro grau)

Medo da Desaprovação

Manutenção

**Percepções
Distorcidas de Ameaça**

Exagero de probabilidade
("Se eu ficar sem ar, os
outros me desaprovarão.")

Exagero de severidade
("Se os outros me
desaprovarem, será devastador.")

**Formas Não-adaptativas
de Lidar com o Medo**

Fuga ("Eu vou ligar e dizer
que estou doente.")

Preocupação ("E se eu não
conseguir falar?")
Preocupação consigo mesmo
(era distraída por sua
garganta seca)

Resumo

O conhecimento a respeito das causas da fobia social ainda está crescendo. Não existe nenhuma teoria com que todos concordem, nem uma única teoria que seja claramente definida pela pesquisa. Nosso modelo de fobia social tenta integrar diversas perspectivas. Algumas pessoas podem ter uma vulnerabilidade biológica a fobias sociais, que aparece apenas quando outros elementos ambientais entram em jogo. E uma vez que esses fatores causais estejam presentes, há diversas formas em que involuntariamente você pode piorar a fobia. O seu modo de pensar a respeito de uma situação que teme, especialmente se exagera sua probabilidade ou sua severidade, pode agravar os seus medos sociais. Algumas estratégias para lidar com o medo — como se preocupar ou evitar a situação — podem ser não-adaptativas e, realmente, tornar as coisas ainda piores a longo prazo.

Parte II
Preparando-se para a Recuperação

Na Parte I, você aprendeu a respeito da natureza e das causas da fobia social. Os capítulos desta seção têm como objetivo ajudá-lo a preparar-se para a recuperação. No Capítulo 3, você aprenderá como definir metas e objetivos. O Capítulo 4 lhe ensinará a avaliar os seus medos e a desenvolver um plano de recuperação. Esses dois capítulos são muito importantes, pois criam a base de trabalho para os outros passos necessários para superar sua fobia social.

3

Definindo suas metas e seus objetivos

Antes de tentar superar a fobia social, você precisa primeiro desenvolver suas metas e seus objetivos. Sem eles, os seus esforços não terão foco e direção. Metas e objetivos são, em essência, o seu mapa para navegar a caminho da recuperação. As metas lhe dizem para onde você se dirige, de modo geral, enquanto os objetivos fazem com que você saiba exatamente quando chegou.

Definindo sua Meta

O primeiro passo que você precisa é definir uma meta. Ter uma meta responde à pergunta: "O que quero realizar?". Você pode ficar surpreso ao saber como é freqüente as pessoas começarem a agir sem primeiro ter considerado esta pergunta cuidadosamente. Você pode sentir que a resposta é óbvia: "Quero me livrar de minha fobia social". Claro, esta é uma meta desejável, mas é geral demais para ser uma meta útil. Uma meta útil precisa ser específica.

Para ajudá-lo a determinar sua meta específica, faça a si mesmo essas perguntas:

- que tipo de situação social eu desejo parar de evitar?
- como quero sentir-me nessa situação social?

Como você pode ver, observando essas perguntas, uma meta específica conterá dois componentes: 1) A situação com a qual você quer aprender a lidar melhor, e 2) Como você quer sentir-se nessa situação.

Aqui estão alguns exemplos comuns de metas específicas:

- quero sentir-me confortável ao falar em público;
- quero sair com pessoas do sexo oposto, sentindo uma ansiedade mínima;
- quero sentir-me relativamente à vontade ao comer em restaurantes;
- quero usar banheiros públicos sem ter medo de me sentir envergonhada.

Agora que você tem alguns exemplos, pense a respeito da meta que quer trabalhar e escreva-a no espaço abaixo. Assegure-se de que ela contenha tanto o tipo de situação que você deseja dominar quanto a maneira como deseja sentir-se na situação.

Minha meta:_____

Uma observação importante a respeito de sua meta antes de continuarmos: é importante que sua meta seja realista e alcançável. Tentar resolver uma fobia social carregando-a com expectativas irreais apenas o levará à frustração e ao desapontamento. Por exemplo, não é realista ter a expectativa de eliminar toda a ansiedade em todas as situações. Você pode ser capaz de tornar-se mais confortável em situações sociais, mas todas as pessoas experienciam alguma ansiedade. É igualmente prejudicial esperar um padrão de desempenho muito elevado. Uma meta realista não exige que você tenha um comportamento perfeito. Os seres humanos não são perfeitos. Lutar para alcançar uma fala sem o menor tropeço ou para sempre dizer a coisa certa é criar o cenário para um fracasso, pois você definiu uma meta que é impossível alcançar. Claro que é bom fazer o melhor que puder, mas é ainda mais importante ficar confortável com o fato de que, por natureza, somos todos imperfeitos. Bem, agora olhe de novo para sua meta. Assegure-se de que você a escreveu de forma que ela seja realista.

E SE EU TIVER MAIS DE UMA META?

É verdade que as pessoas podem ter mais de uma meta. Talvez você queira aprender a ficar mais à vontade ao sair com alguém do sexo oposto, mas você também deseje aprender a sentir-se confortável ao falar em público. Embora fosse ótimo se você pudesse alcançar todas as suas metas simultaneamente, isso em geral não funciona assim. Faz mais sentido trabalhar primeiro com algumas metas e depois com outras. Trabalhar ao mesmo tempo com mais de uma meta pode diluir os seus esforços e tornar difícil perceber o seu progresso. Por outro lado, quando você trabalha uma meta por vez pode focalizar toda a sua energia sobre uma área. Você pode até mesmo surpreender-se com o fato de ter alcançado uma meta, que pode tornar muito mais fácil, posteriormente, atingir as demais.

Então, se você tem mais de uma meta, como pode decidir por onde começar? Uma possibilidade é colocar suas metas em ordem de importância, mas esse não é o único critério a ser considerado. Considere também qual de suas metas seria mais adequada para ser a primeira a trabalhar. Algumas pessoas preferem começar por uma mais fácil, e assim ter um início mais suave e continuar gradualmente. Outras pessoas podem querer trabalhar primeiro com uma meta mais desafiadora, e assim colocar-se logo em ação. Outras, ainda, podem ter menor amplitude de escolha. Se o seu trabalho exige que você dê uma palestra no próximo mês, é obviamente mais importante que comece a trabalhar primeiro com esta meta, mesmo que você também queira aprender como convidar alguém para sair.

Em última instância, a prioridade que você dá a cada uma de suas metas é assunto seu. Tenha em mente que, na verdade, não há uma ordem certa ou errada. Se você começar a trabalhar com uma meta e depois perceber que precisa trabalhar primeiro com outra, faça a troca facilmente. O propósito de estabelecer prioridades entre suas metas é ter um plano de ação, mas os planos de ação sempre podem ser mudados. Sugerimos que você trabalhe com os métodos deste livro, usando uma meta por vez (e mudando para outra apenas se for necessário). Mais tarde, você poderá trabalhar para alcançar também as suas outras metas.

Definindo os Seus Objetivos

Depois que você definiu a meta em cuja direção deseja trabalhar, o próximo passo é definir os seus objetivos. Na linguagem cotidiana, as palavras "meta" e "objetivo" são usadas com o mesmo sentido, mas nós estamos dando a elas significados diferentes neste contexto. Definir suas metas responde à pergunta: "O que quero realizar?". Definir seu objetivo responde à pergunta: "Como vou saber quando tiver realizado minha meta?", ou "O que será diferente quando tiver alcançado minha meta?". Os objetivos são importantes porque são os sinais que lhe dizem quando você está tendo sucesso, e também ajudam a personalizar sua meta e dão mais sentido ao seu plano de recuperação.

Tipicamente, os objetivos envolvem mudanças de comportamentos, de pensamentos e de sentimentos específicos, que acontecerão quando você alcançar sua meta. Você pode ter objetivos diferentes para uma única meta. Por exemplo, se sua meta é ser capaz de comer em público, os seus objetivos poderiam incluir aceitar convites para comer fora, permanecer durante um jantar inteiro num restaurante lotado, e sentir-se à vontade almoçando no restaurante da empresa com os colegas de trabalho. Como você pode ver, quando tiver alcançado os seus objetivos, terá alcançado sua meta.

Vamos examinar um outro exemplo do desenvolvimento de objetivos para uma meta específica.

Meta: Quero ser mais expansivo e ficar à vontade em reuniões sociais.

Objetivos:

- ficarei menos ansioso quando for apresentado a um estranho;
- serei capaz de olhar nos olhos das outras pessoas;
- não vou recusar convites para reuniões familiares;
- perceberei que sou capaz de manter uma conversa;
- vou parar de pensar que estou dizendo a coisa errada o tempo todo;
- farei novos amigos.

Você percebeu como os objetivos ajudam a definir e a personalizar a meta? E, também, como os objetivos o guiam, fazendo com que você saiba que tipo de coisas precisa fazer para começar sua recuperação?

Antes de começar a escrever os seus próprios objetivos, examine a meta e os objetivos definidos por Ginny, 28 anos, mãe de duas crianças em idade escolar.

Meta: Quero ser mais expansiva e confiante em meu trabalho como mãe e em minha participação na comunidade.

Objetivos:

- terei menos medo de me sentar na frente na igreja;
- voltarei às minhas atividades como voluntária;
- vou conversar com os pais das outras crianças quando for a minha vez no rodízio de carros;
- serei capaz de me apresentar em reuniões.

Agora que você viu como Ginny definiu sua meta e seus objetivos, tente escrever os seus próprios.

MINHA META E MEUS OBJETIVOS

Meta:

_____

Objetivos:

- _____
- _____
- _____
- _____

UM EXEMPLO PRÁTICO

Embora à primeira vista definir sua metas e escrever os seus objetivos possa parecer uma tarefa fácil, isto pode ser mais difícil do que você pensa. Se tiver dificuldades, não desista. Aqui está um exemplo que o ajudará a rever mais uma vez todo o processo.

Tom, um policial de quarenta anos, com um medo intenso de falar em público, havia-se acostumado a inventar motivos para evitar participar de programas de educação pública realizados pelo departamento de polícia. Esses programas exigiriam que ele falasse em reuniões de comunidade — algo que, por certo, o deixaria nervoso, senão em pânico. A maioria dos policiais dos pequenos departamentos de polícia se oferecia regularmente para dar palestras informativas a respeito da prevenção de crimes; na verdade, esperava-se que os policiais fizessem isto. Tom, entretanto, sempre arrumava boas desculpas quando sua falta de envolvimento era notada.

Essas não eram as únicas situações das quais Tom fugia. Ele sempre estava calado nas reuniões do departamento, e nunca dava sua opinião nem fazia nenhuma pergunta. Ele abandonou uma faculdade recomendada pelos seus superiores quando descobriu que seriam exigidos três seminários, mesmo sabendo que isto diminuía suas chances de promoção. Tom também não se dispunha a ajudar na igreja aos domingos, como leitor, por causa de seu medo. Ele nem mesmo pensava a respeito das atividades que exigissem que ele se dirigisse a um grupo de pessoas, mesmo que de modo informal ou breve. Ele preferia que as pessoas o vissem como descompromissado, desorganizado, ou até mesmo rude, do que ser visto como ansioso, desajeitado ou tolo. E é claro que ele não queria experienciar o suor, a pulsação cardíaca rápida, o tremor e os outros sintomas associados ao exame público. Tom permaneceu neste padrão de fuga durante vários anos.

Finalmente, houve um incidente que fez com que ele se determinasse a superar sua fobia. Pediram-lhe que desse graças antes do jantar numa pequena reunião de seus familiares. Mas ele ficou tão apavorado, que se recusou. Depois disso, Tom sentiu-se envergonhado e com raiva ao perceber quanto os seus medos o controlavam. Ele não podia nem mesmo dizer uma pequena prece a seus parentes! Finalmente, decidiu parar de fugir de seu problema.

O problema de Tom é um exemplo comum de fobia social. Referiremo-nos a ele por todo o livro, à medida que estivermos lhe ensinando os diversos princípios e técnicas envolvidos no processo de recuperação. Mesmo que sua fobia não seja exatamente igual à de Tom, você será capaz de compreender o processo e assim aplicá-lo à sua situação particular.

Inicialmente, Tom escreveu sua meta assim:

Minha Meta: Eu quero ser um grande orador e nunca me sentir nervoso. O que você acha da meta que Tom definiu para si mesmo? Você pode ver como ela poderia ser melhorada? Um pouco relutante, Tom reconsiderou sua meta para ver se ela era irreal ou inalcançável. Esta foi uma tarefa difícil para ele. É difícil desistir de uma meta que você realmente deseja alcançar, mesmo que saiba que ela não é realista. Depois de ter pensado muito, Tom concordou que sua meta estava escrita de um modo que o condenava ao fracasso. Como ele poderia esperar "nunca" ficar com medo ou nervoso, quando até mesmo atores experientes sentem pontadas de ansiedade antes de entrar em cena? Será que ele não estava pressionando demais a si mesmo ao definir como meta ser um "grande" orador? Aqui está a revisão que Tom fez de sua meta e de seus objetivos:

Meta: Quero ficar mais à vontade ao falar em público.

Objetivos:

- aceitarei convites para participar de programas de educação pública;
- ajudarei nos cultos da igreja;
- farei perguntas e darei minha opinião nas reuniões do departamento;
- darei graças em reuniões familiares.

Observe como a meta de Tom é muito mais administrável agora. Ele não tem mais de se tornar um "grande" orador para ter sucesso; e pode perdoar a si mesmo por sentir-se um pouco nervoso. Os seus objetivos também são realistas e atingíveis, e permitirão que ele reconheça quando tiver alcançado sua meta. Esperamos que verificando a versão de Tom você possa ter esclarecido qualquer dúvida a respeito da definição de sua meta e de seus objetivos.

Resumo

O propósito deste capítulo é que você comece o seu caminho para um plano de recuperação, definindo sua meta e seus objetivos. Sua melhor meta é expressa como uma afirmação geral a respeito daquilo que você deseja realizar ao superar uma fobia social. As metas devem ser específicas e ter dois componentes: 1) a situação social que você deseja dominar; e 2) como você quer se sentir nessa situação. Sua meta deve ser acompanhada por vários objetivos. Neste contexto, os objetivos são as mudanças que você espera que aconteçam em seu comportamento, pensamentos ou sentimentos, quando a sua meta for alcançada. Agora que suas metas e seus objetivos estão claramente definidos, você está pronto para dar o próximo passo e preparar-se para a recuperação: avaliar os seus medos.

4

Avaliando seus medos e desenvolvendo seu plano de recuperação

O próximo passo é desenvolver uma compreensão clara de sua fobia social específica ou de seu conjunto de medos. O problema de cada pessoa é único. Duas pessoas têm forças diferentes em que se apoiar, e obstáculos diferentes a confrontar na tentativa de recuperação de suas fobias. Um plano de sucesso leva em conta esses obstáculos e essas forças. No capítulo anterior você definiu suas metas e seus objetivos. Neste capítulo nós lhe mostraremos como desenvolver um plano de ação abrangente que lhe permita alcançar suas metas. Em resumo, nós o ajudaremos a determinar quais as partes deste livro que você vai enfatizar em seus esforços para superar sua fobia social.

PERGUNTAS QUE O AJUDARÃO A AVALIAR OS SEUS MEDOS

O primeiro passo no desenvolvimento de seu plano personalizado de recuperação é que você se avalie completamente, e também seus medos. Você só pode ter esperança de superar seus medos se examinar de perto os seus sintomas específicos. De outro modo, seus esforços para a recuperação irão resultar em frustração e em desapontamento. Se você responder cuidadosamente às perguntas e preencher os formulários deste capítulo, suas chances de sucesso aumentarão muito.

1. *Como o Meu Corpo Reage à Desaprovação?* Como você viu no Capítulo 1, a maioria das pessoas experiencia sintomas físi-

cos quando está com medo ou ansiosa. Quais os sintomas que você experiencia? A lista a seguir foi feita para ajudá-lo a responder a esta pergunta. Se você não tem certeza de seus sintomas, tente imaginar uma das situações que teme e observe suas reações corporais. Leia a lista de sintomas abaixo e marque aqueles que você experiencia quando está ansioso socialmente.

SINTOMAS CORPORAIS DA FOBIA SOCIAL

- ☐ Aceleração dos batimentos cardíacos
- ☐ Respiração curta
- ☐ Desconforto abdominal
- ☐ Suor
- ☐ Rubor
- ☐ Tremor
- ☐ Tonturas ou sensação de desmaio
- ☐ Músculos tensos
- ☐ Sufocação ou garganta apertada
- ☐ Boca seca
- ☐ Vontade urgente de urinar
- ☐ Sensação de formigamento
- ☐ Espasmos musculares
- ☐ Dor no peito
- ☐ Torpor ou dormência
- ☐ Ondas de calor ou arrepios
- ☐ Outros: _____
- ☐ Outros: _____

A maioria das pessoas com fobias sociais experiencia ao menos alguns desses sintomas físicos quando está antecipando ou vivenciando uma situação social temida. Se você marcou alguns (ou todos) desses sintomas físicos, não se desespere. Você pode aprender a lidar efetivamente com as reações de seu corpo ao medo. O Capítulo 5 lhe ensinará uma habilidade de administração da ansiedade que o ajudará a sentir-se mais confortável fisicamente quando estiver confrontando os seus medos. Além disso, algumas pessoas podem querer incluir medicação em seu plano de recuperação para poder controlar os seus sintomas. Contudo, leia o Capítulo 16 antes de decidir-se.

Um alerta importante: algumas vezes os sintomas físicos mascaram um problema médico. Se você não passou recentemente por um exame físico, marque uma consulta com seu médico para ter a certeza de que este não é o seu caso.

2. Como Minha Mente Reage à Desaprovação? Você aprendeu no Capítulo 1 que sua mente, da mesma forma que seu corpo, pode reagir intensamente quando o medo está presente. Você começa a experienciar pensamentos ou *cognições* temerosas. A lista a seguir contém alguns dos sintomas cognitivos de fobia social. Marque os pensamentos que você experiencia quando está ansioso socialmente.

SINTOMAS COGNITIVOS DA FOBIA SOCIAL

☐ Pareço fora de lugar.
☐ Pareço estúpido.
☐ Não me encaixo.
☐ Estou estragando tudo.
☐ Sei que eles me odeiam.
☐ Estou feio.
☐ Estou gordo.
☐ Serei rejeitado.
☐ Pareço ser incompetente.
☐ Os outros estão falando a meu respeito.
☐ Não mereço amor.
☐ Pareço nervoso.
☐ Estou tão envergonhado.
☐ Sou quieto demais.
☐ Estou sendo enfadonho.
☐ Sou um idiota.
☐ Não sou atraente.
☐ Ninguém gosta de mim.
☐ Outros: _____
☐ Outros: _____

Você pode experienciar outros pensamentos temerosos além desses. Sinta-se livre para acrescentar a esta lista quaisquer outros pensamentos que passem por sua mente quando você fica ansioso em situações sociais. Agora examine novamente sua lista. Esses pensamentos o perturbam? Eles voltam continuamente e o incomodam? Quando estão passando por sua mente, você acredita que possam ser verdadeiros? Se você respondeu sim a algumas dessas perguntas deve saber mais sobre como lidar com a sua reação mental ao medo da desaprovação. Um grande foco de seu plano de recuperação pode ser seguir as orientações do Capítulo 6.

3. *Como Tento Evitar a Desaprovação?* Você já avaliou como seu corpo e sua mente reagem à desaprovação. Agora você vai examinar como se comporta quando está assustado. Tipicamente, as pessoas tentam evitar as coisas que temem. É natural que você evite as situações que o deixam desconfortável. Contudo, como já aprendeu, a fuga apenas prolonga a vida da fobia social.

É fácil ver como fugir completamente de uma situação e poder evitar que o medo que você tem dela diminua. No entanto, há formas menos óbvias de fuga. Pense nas diversas maneiras em que você age de um jeito que nós chamamos de *fuga parcial*. Você foge parcialmente quando limita o que fará ou não em determinada situação social. O caso de Wayman é um exemplo.

Wayman ia a muitas festas e jantares com sua esposa, apesar de uma fobia social acentuada. Embora nunca se recusasse a comparecer a esses eventos, ele evitava ser apresentado a estranhos, ficava no máximo duas horas na festa, e exigia que sua esposa não saísse de perto dele por mais do que alguns minutos. Como você pode ver, esse tipo de fuga parcial pode ser muito incapacitante. Outros exemplos de fuga parcial são: restringir-se a alguns lugares seguros, recusar promoções no emprego, pois o novo cargo teria mais exigências sociais, beber álcool, evitar olhar os outros nos olhos, e distrair-se mentalmente da ansiedade ou da situação social que a está criando. Examine cuidadosamente a lista abaixo, e marque todos os sintomas comportamentais de fuga parcial que se aplicam à sua fobia social.

SINTOMAS COMPORTAMENTAIS DA FOBIA SOCIAL

Fujo parcialmente das situações sociais que temo...

☐ ligando o rádio;
☐ pensando em outras coisas;
☐ limitando minhas oportunidades;
☐ usando outras distrações;
☐ ficando apenas um tempo determinado;

☐ usando álcool ou drogas;
☐ sonhando acordado;
☐ ficando perto de uma pessoa segura;
☐ indo apenas a lugares seguros;
☐ não olhando nos olhos dos outros;
☐ exigindo outras condições especiais;
☐ outros: _____

Use alguns momentos para pensar com calma e completar esta lista, que será útil quando você chegar à Parte IV deste livro. Os Capítulos 7, 8, 9 e 10 são todos dirigidos a ajudá-lo a reverter seus padrões autoderrotistas de fuga, inclusive de fuga parcial. Eles são cruciais para seu plano de recuperação.

4. Por que eu Deveria Mudar as Minhas Reações à Desaprovação? Esta é uma pergunta muito importante, pois sem um incentivo para mudar, você não se disporá a dedicar o tempo e a energia necessários para fazê-lo. Escreva abaixo todas as razões para superar a sua fobia social (por exemplo, conseguir um novo emprego, ter mais amigos, deixar de se sentir sozinho, voltar à escola, e assim por diante).

RAZÕES PARA SUPERAR MINHA FOBIA SOCIAL
1. _____
2. _____
3. _____
4. _____
5. _____
6. _____
7. _____
8. _____
9. _____
10. _____

Agora examine a sua lista. Quanto mais razões você tiver, e quanto mais importantes, imediatas e fortes elas lhe parecerem, mais possibilidades terá de completar com sucesso o seu plano de recuperação.

Lembre-se: a recuperação não é fácil. Então, quando estiver lendo a sua lista de razões para se recuperar, você precisa sentir que elas são claramente mais fortes que o desconforto e a inconveniência de quaisquer passos que precise dar para diminuir o seu medo de desaprovação. Se você tiver alguma dúvida se o seu incentivo para a recuperação é suficiente, leia o Capítulo 14, pois encontrará sugestões para aumentar o seu incentivo para a recuperação.

5. *O que Mais Devo Levar em Conta?* Há várias outras coisas a considerar quando se está desenvolvendo um plano de recuperação. Outros obstáculos podem aparecer em seu caminho enquanto você estabelece o seu compromisso com a recuperação, aprender a lidar mais efetivamente com os aspectos físicos e mentais da ansiedade, e reverter sua tendência a evitar as situações sociais. Em alguns casos, a fobia social deve-se parcialmente a uma falta de determinadas habilidades que são necessárias para se ter um bom desempenho em situações sociais. Se você acha que não tem habilidades para iniciar uma conversa, não é capaz de expressar assertivamente sua opinião ou preparar uma apresentação pública efetiva, e acha que essa deficiência pode estar contribuindo para sua fobia social, dê atenção especial ao Capítulo 11.

Algumas pessoas acham que o estresse em outras áreas de suas vidas torna ainda mais difícil lidar com a ansiedade social. Nesses casos, pode ser benéfico aprender mais a respeito de como administrar mais eficazmente o estresse. Se você acha que este pode ser o seu caso, leia o Capítulo 12. Há também outros tipos de problemas — como depressão, abuso de álcool, ansiedade — que podem impedir o seu progresso. O Capítulo 13 aborda muitos desses assuntos.

Finalmente, mesmo que você tenha sucesso inicial em sua recuperação da fobia social, algumas vezes os sintomas podem voltar, em maior ou menor grau, o que é muito comum, e não deve ser causa de preocupação. Entretanto, há coisas que você pode fazer para assegurar-se de que seu progresso seja mantido. As estratégias para manter seu progresso e lidar com as recaídas estão no Capítulo 15. É importante, também, que você saiba que há outros recursos disponíveis quando os problemas surgirem. O Capítulo 16 informa sobre o papel da medicação no tratamento da fobia social, e o Capítulo 17 pode ajudá-lo a encontrar um terapeuta que lhe dê apoio e assistência adicionais em sua recuperação.

DESENVOLVENDO O SEU PLANO DE RECUPERAÇÃO

Agora você já tem uma idéia de quais capítulos deste livro precisará utilizar para atingir as metas e objetivos de sua recuperação. Mesmo lendo o livro inteiro, você pode querer focalizar os capítulos que são mais relevantes para as suas necessidades.

Reveja sua meta e os objetivos que você definiu no Capítulo 3 e escreva em quais os capítulos deste livro você estará se focalizando para o seu plano de recuperação. Exemplificaremos como isso deve ser feito com o caso de Bernard, um rapaz solteiro, de vinte anos, cuja fobia social envolve sair com garotas. Veja a seguir o esboço do plano de recuperação de Bernard:

Meta: Quero sentir-me mais à vontade ao participar de atividades sociais que incluam mulheres solteiras da minha idade.

Objetivos:

- vou juntar-me aos grupos de solteiros de minha sinagoga;
- quero iniciar conversas com garotas;
- vou convidar uma garota para sair.

Plano:

- vou ler e seguir os procedimentos indicados nos Capítulos 5, 6, 7, 8, 9, 10 e 11.

Claro, isto parece fácil! Contudo, realmente seguir esses procedimentos cria um plano bastante abrangente. Bernard selecionou cada capítulo por uma razão específica. Ele sente que para superar sua fobia social é importante que aprenda a lidar mais efetivamente com as reações de seu corpo e de sua mente ao medo (Capítulos 5 e 6), que mude seu padrão de evitar conversas com garotas (Capítulos 7-10), e melhore suas habilidades para manter um diálogo e sair com garotas (Capítulo 11). Quando Bernard atingir sua meta, também lhe recomendaremos que leia o Capítulo 15, a respeito de como manter as suas conquistas.

Vamos examinar mais um exemplo antes que você escreva o seu próprio plano de recuperação. Você se lembra de Tom, o policial do capítulo anterior? Este é o plano de recuperação dele.

PLANO DE RECUPERAÇÃO DE TOM

Meta: Quero me sentir mais à vontade ao falar em público.

Objetivos:

- aceitarei convites para participar de programas de educação pública;
- ajudarei nos cultos da igreja;
- farei perguntas e darei minha opinião nas reuniões do departamento;
- darei graças nas reuniões familiares.

Plano:

- lerei e seguirei os procedimentos recomendados nos Capítulos 5, 6, 7, 8, 9, 10, 11, 13 e 15.

Tom escolheu a Parte III "Aprendendo habilidades para controlar o medo da desaprovação" (Capítulos 5 e 6) porque sabe que precisa aprender a lidar com suas reações físicas e cognitivas a situações sociais que teme antes de poder ter confiança para falar em público. E ele escolheu todos os capítulos da Parte IV, "Encarando o seu medo de desaprovação" (Capítulos 7-10). Sentimos que a maioria das pessoas, ao ler este livro, precisará focalizar muito de sua energia nas Partes III e IV, da mesma forma que Bernard e Tom. Esses capítulos formarão o cerne dos planos de recuperação.

Você deve dimensionar o seu plano de forma a suprir as suas necessidades individuais. Tom decidiu incluir o Capítulo 11, pois este dá sugestões sobre como fazer apresentações em público. Ele sabia que isto o ajudaria muito em seu trabalho. E também incluiu o Capítulo 13, porque estava tendo alguns problemas de depressão. Finalmente, Tom reconheceu que o Capítulo 15 seria importante para assegurar-lhe de que não permitiria que qualquer recaída temporária impedisse o seu progresso.

Agora é o momento em que você deve escrever o seu próprio plano de recuperação. Se o seu plano for tão bem pensado quanto o de Tom, você provavelmente terá sucesso. Quando tiver terminado esta tarefa, estará pronto para começar a sua recuperação. Boa sorte!

MEU PLANO DE RECUPERAÇÃO

Meta:
_____

Objetivos:
- _____
- _____
- _____
- _____

Plano:

- _____

RESUMO

Neste capítulo tentamos ajudá-lo a avaliar os seus medos, comportamentos e metas e, com base nisso, desenvolver um plano de recuperação eficaz. Um conjunto de perguntas o ajudou a determinar quais os capítulos deste livro serão mais importantes para as suas necessidades individuais. Esses são os capítulos aos quais você deve dedicar mais tempo e energia. Então, nós lhe mostramos como escrever um plano de recuperação. Se seguiu cuidadosamente esses procedimentos, você está pronto para começar o processo de recuperação e pode ler o Capítulo 5.

Parte III
Aprendendo habilidades para controlar o medo da desaprovação

No item anterior, você identificou o que precisa aprender para dominar os seus medos sociais. Nesta parte, vamos ajudá-lo a lidar com seu próprio medo. O Capítulo 5 lhe mostrará como lidar com os sintomas físicos de ansiedade e o Capítulo 6 o ajudará a explorar e a mudar os pensamentos que contribuem para o medo da desaprovação.

5

Controlando a reação de seu corpo ao medo

Neste ponto, você se determinou a ficar mais à vontade em situações sociais. Você avaliou os seus medos sociais e definiu metas realistas. Este capítulo, e também o próximo, apresenta os alicerces para alcançar essas metas. Entretanto, antes que possa encarar os seus medos, você precisa saber que pode lidar com as suas reações físicas ao medo. De outra forma, seria como tentar mergulhar em águas profundas antes de ter aprendido a nadar.

REAÇÕES CORPORAIS AGUDAS VERSUS REAÇÕES CORPORAIS CRÔNICAS AO MEDO

Quando mencionamos a reação de seu corpo ao medo, referimo-nos às sensações físicas que você sente imediatamente antes de entrar, ou assim que entra numa situação social temida. Por exemplo, imagine que está a ponto de fazer uma palestra. O seu coração pode estar batendo "loucamente" e você pode estar suando. Esses sintomas estão relacionados à ansiedade *aguda*, porque tendem a aparecer de repente e são bastante intensos. Por outro lado, sintomas corporais de ansiedade *crônica* podem ser menos intensos, mas mais freqüentes e duram por um tempo maior. Incluem-se aqui queixas como dor de cabeça, dor de estômago, fadiga e irritabilidade.

A distinção entre os sintomas corporais de ansiedade agudos e crônicos nem sempre é tão clara e nítida. Por exemplo, alguém com alto nível de ansiedade crônica pode estar mais propenso a experienciar ataques de ansiedade aguda. Entretanto, para nossos objetivos neste texto, discutiremos a ansiedade crônica e a aguda como fenômenos separados.

Este capítulo descreve uma técnica básica de controle da ansiedade aguda, chamada *respiração compassada*. Todas as pessoas que lerem este livro poderão ser beneficiadas ao aprender esta importante habilidade. No Capítulo 12, nós lhe ensinaremos as técnicas para lidar com a ansiedade crônica, que talvez seja mais conhecida como estresse. Embora a maioria das pessoas possa beneficiar-se com o Capítulo 12, ele não é de leitura obrigatória para todos os que estejam tentando superar uma fobia social.

Algumas Sugestões Antes que Você Comece

Queremos que você reflita a respeito de alguns aspectos antes de começar. Primeiro, pense sobre o título deste capítulo: "Controlando a reação de seu corpo ao medo". Observe que não o intitulamos "Aprendendo como se livrar da ansiedade". Como afirmamos anteriormente, livrar-se da ansiedade não é uma meta alcançável nem realista. Afinal, há muitas situações em que é absolutamente apropriado sentir-se ansioso. Embora não seja possível livrar-se da ansiedade, controlá-la é atingível e desejável. Uma lição muito importante de aprender inclui aceitar que a ansiedade não pode ser eliminada e que você pode funcionar efetivamente apesar de ter medo. Com o tempo, notará que embora continue a sentir alguma ansiedade em determinadas situações sociais, a intensidade de seus sintomas corporais diminuirá consideravelmente. E, mais importante ainda, com a prática a sua autoconfiança aumentará e você estará mais bem preparado para enfrentar as situações sociais que teme.

Nosso segundo ponto envolve o controle da ansiedade e do sono. Muitas pessoas acham que um pouco antes de ir para a cama é o melhor momento para praticar as habilidades de controle da ansiedade. É um momento tranqüilo, em que as crianças já estão dormindo, você já terminou os seus afazeres, e o telefone provavelmente não irá tocar. Você pode até pensar em usar essas habilidades para ajudá-lo a adormecer. Infelizmente, associar as habilidades de controle da ansiedade e do sono não é uma boa idéia. O objetivo dessas habilidades é ajudar a reduzir a ansiedade — e não associar a redução da ansiedade com o sono. Se você deseja praticar antes de dormir, deixe um intervalo de tempo entre sua prática e seu sono. Depois de sua prática, levante-se, lave o rosto e ponha o cachorro para fora, por exemplo. Não vire apenas para o outro lado, apague as luzes e durma.

Finalmente, lembre-se de que a respiração compassada que lhe ensinaremos é apenas um técnica entre as muitas que estão disponíveis. Embora a consideremos uma das mais simples e mais eficazes para o controle da ansiedade aguda, ela não é o único método. Tente a respiração compassada, mas, se não funcionar, você pode adaptar algumas das técnicas de controle de estresse que estão no Capítulo 12.

A TÉCNICA DE RESPIRAÇÃO COMPASSADA

Consideramos a respiração compassada uma habilidade essencial. Quando você a tiver dominado, terá um instrumento confiável que o tornará capaz de confrontar algumas das situações que teme.

Então, o que é a respiração compassada? A respiração compassada refere-se a um ritmo de respiração mais lento e regular. Quando você estiver respirando compassadamente, respire com o seu diafragma e não com o peito. (O seu diafragma é um músculo forte e grande que separa a cavidade peitoral da cavidade abdominal. Esse músculo é também responsável pela inspiração e pela expiração.)

Talvez você esteja pensando: "Eu sei como respirar. Tenho feito isto por toda a minha vida!". Isto é só meia-verdade. Sim, você sabe como respirar, mas se você é como muitas das pessoas que têm problemas de ansiedade, você não tem respirado adequadamente. Faça um teste rápido: coloque uma de suas mãos sobre sua cintura. Coloque a outra mão no meio de seu peito, logo abaixo do pescoço. Agora, respire como você faz normalmente. Qual das mãos está se mexendo mais? Se a mão que está no seu peito está se mexendo mais do que a outra, leia cuidadosamente a seção seguinte, pois você é uma das pessoas que podem se beneficiar com a respiração compassada.

COMO FUNCIONA A RESPIRAÇÃO COMPASSADA

Provavelmente, não existe um único adulto vivo que não tenha ouvido a frase: "Peito para fora, barriga para dentro". Você adquiriu um mau hábito, num esforço para ter um boa postura e parecer o melhor possível. Em vez de respirar com o seu diafragma — e mexer a sua barriga para fora e para dentro — você acabou respirando apenas com o peito. Lembre-se de como um bebê respira quando está dormindo. Os bebês mexem a barriga quando estão dormindo. Esse tipo de "respiração abdominal" vem do diafragma e não da parte superior do peito. Da mesma forma, você respira com a barriga quando está dormindo.

Por que isto é importante? Você aumenta o risco de hiperventilar quando respira primariamente com o peito. A maioria das pessoas pensa que hiperventilação é igual a ofegar. Ofegar é uma forma de hiperventilação, mas não é o único modo pelo qual você pode hiperventilar. Outras formas incluem suspirar, bocejar, prender a respiração ou qualquer respiração profunda forçada (na inspiração ou na expiração).

A respiração curta, no peito, cria um problema. Você pode estar cronicamente hiperventilado, sem saber. A hiperventilação altera sutilmente a química de seu corpo; muda o equilíbrio de substâncias químicas como dióxido de carbono, cálcio, oxigênio e bicarbonato. Embora essas alterações não ameacem de forma alguma a vida, têm conseqüências importantes para aqueles que são sensíveis aos sintomas físicos de ansiedade. Os resultados da hiperventilação tomam a forma de muitos dos sintomas comumente associados à ansiedade. Por exemplo, respiração curta, tontura, formigamento nas extremidades, arrepios e sensação de que você está dentro de um sonho são alguns dos sintomas que resultam da hiperventilação.

Se você estiver ligeiramente hiperventilado e, então, ficar ansioso, há uma tendência natural para respirar ainda mais depressa. Como resultado, ficará mais hiperventilado, e assim será criado um círculo vicioso. E aí você experiencia todos os sintomas desagradáveis da ansiedade. Você pode descobrir que apenas controlar a sua respiração já pode ajudar a aliviar muitos de seus sintomas físicos.

APRENDENDO A RESPIRAÇÃO COMPASSADA

Aprender a respirar mais efetivamente, na verdade, não é nada difícil. Há três elementos-chave para ter em mente.

1. *Respire lentamente.* Você deveria ser capaz de diminuir o ritmo de sua respiração até oito a dez respirações por minuto. Não é

necessário contar. Simplesmente concentre-se em diminuir, de forma deliberada o ritmo de sua respiração. E não se preocupe — você não pode respirar devagar demais! Concentrar-se em sua respiração desta maneira traz o benefício adicional de tirar sua atenção dos sintomas de ansiedade que você possa estar experienciando.

2. *Respire pelo nariz.* Respirar pelo nariz ajuda a impedir que você hiperventile sem querer. É muito mais fácil voltar para a respiração curta se você estiver respirando pela boca. Além disso, é impossível "engolir" o ar se você respirar pelo nariz. Não inspire nem expire pela boca. Ao contrário, mantenha sua boca fechada e respire pelo nariz.

3. *Alterne a respiração compassada e sua respiração normal.* Há um equilíbrio normal entre a respiração diafragmática e a respiração curta, de peito. Não espere que todas as respirações sejam abdominais. A proporção média entre respirações diafragmáticas e de peito, é de quatro para um. Apenas tente aumentar a freqüência das respirações abdominais.

Há duas exceções a estas regras. 1) Se você tem uma condição respiratória crônica, como asma ou enfisema, pode ser mais difícil ou complicado aprender estas técnicas. Se você tem qualquer problema médico que envolva sua respiração ou seus pulmões, consulte o seu médico antes de aprender a respiração compassada ou qualquer nova técnica de respiração. Em muitos casos os médicos concordam que esses métodos podem ser benéficos para as pessoas com problemas respiratórios, mas pode não ser este o seu caso. Confirme primeiro com seu médico. 2) Há momentos em que você não deve se preocupar com a respiração de peito ou diafragmática. Durante ou após um exercício físico cansativo, você poderá perceber que está respirando rápido ou que está usando os dois tipos de respiração. Isto é normal. O seu corpo precisa de maiores quantidades de oxigênio, pois o oxigênio é um dos combustíveis que você usa quando está gastando energia. Não tente forçar-se a respirar diafragmaticamente nesses momentos. Deixe que seu corpo faça aquilo que ele precisa. Você poderá controlar sua respiração quando tiver se recuperado completamente do exercício.

Começando
Há alguns passos preliminares necessários para aprender a respiração diafragmática lentamente compassada.

Passo Um. Consiste em encontrar um lugar tranqüilo em que você possa estar livre de interrupções. Você precisará de mais ou menos quinze minutos, duas vezes por dia, sem distrações ou interrupções — nem telefones, nem campainhas, nem animais de estimação pulando no seu colo. Então, feche a porta, desligue o telefone e dê um osso para Fido.

Passo Dois. A seguir, fique confortável. Ache um lugar em que você possa sentar-se ou deitar-se confortavelmente. Assegure-se de que suas costas estão apoiadas e de que não há nada o prendendo, como os braços da poltrona ou uma roupa apertada, por exemplo. Uma cama, o carpete ou uma cadeira reclinável são bons lugares.

Passo Três. Você precisará aprender a medir o seu nível de ansiedade para poder avaliar o seu progresso. A medida do nível de ansiedade é a sua própria interpretação pessoal da ansiedade numa escala de 0 a 10. Um 10 na escala é o mais ansioso ou assustado que você já ficou em toda a sua vida. Por outro lado, um 0 é o mais relaxado que você já esteve. Não se preocupe se a princípio você achar que não está conseguindo avaliar bem o seu nível de ansiedade. É necessário fazê-lo algumas vezes para "pegar o jeito". Lembre-se, também, de que este é o seu próprio sistema pessoal de avaliação — o seu nível 5 de ansiedade é diferente do nível 5 das outras pessoas. Examine a Escala de Intensidade de Ansiedade abaixo. Esta escala deve ajudá-lo a ser mais preciso ao determinar o seu nível de ansiedade.

ESCALA DE INTENSIDADE DE ANSIEDADE

0	1	2	3	4	5	6	7	8	9	10
NENHUMA	SUAVE			MODERADA		SEVERA			MUITO SEVERA	
Relaxado, sem desconforto	Não muito relaxado, algum desconforto			Desconforto nítido, mas suportável		Extremamente desconfortável, começando a ficar insuportável			A pior que eu já senti; insuportável	

Agora, use alguns segundos e avalie seu nível de ansiedade usando a escala. Você avaliará e registrará os seus progressos no Diário de Controle da Ansiedade enquanto estiver aprendendo a lidar com a ansiedade. Você irá avaliar o seu nível de ansiedade antes e depois de cada sessão de prática. Há também espaços no diário para registrar a data e o horário, a duração da prática, e onde você praticou. Há também uma seção para comentários, em que pode anotar se sentiu algum problema, se houve alguma interrupção ou se foi uma sessão especialmente boa. Essas avaliações são importantes, pois o ajudarão a medir o seu domínio dessas habilidades.

Passo Quatro. Agora que você já teve o "gostinho" de como avaliar o seu nível de ansiedade, há um comentário final a ser feito. Muitas pessoas querem saber se devem ou não fechar os olhos ao fazer os exercícios de controle da ansiedade. A resposta é que depende de você. Descobrimos que fechar os olhos pode ajudá-lo a concentrar-se no exercício e evitar que seja distraído pelo que está acontecendo ao seu redor. Porém, durante a sessão de prática, a escolha é sua. Tenha em mente que você também deverá usar a respiração compassada em situações sociais e terá de manter os olhos abertos. Pode ser mais fácil aplicar a técnica se você já tiver feito pelo menos algumas práticas com os olhos abertos.

PRATICANDO A RESPIRAÇÃO COMPASSADA

Praticar a respiração compassada é, na verdade, bastante fácil. Comece deitando-se de costas. Coloque sua mão ou algo leve (como uma caixa de lenços de papel, por exemplo) sobre o seu estômago, entre o seu umbigo e as suas costelas. Concentre-se em fazer com que seu estômago mova a sua mão ou o objeto. Se tiver sucesso, você deve ser capaz de fazer com que seu estômago se mova em direção ao teto. É simples! Quando tiver mais prática com a respiração compassada, você não precisará mais ficar observando o seu estômago para saber se está respirando diafragmaticamente.

Algumas pessoas têm um pouco de dificuldade em coordenar a respiração com o movimento do estômago. Se este for o seu caso, não fique frustrado. O seu corpo sabe como respirar diafragmaticamente — você o faz todas as noites quando vai dormir. Lembre-se apenas de duas regras básicas: tenha certeza de que está respirando lentamente,

Faça cópias deste diário antes de começar a preenchê-lo.

DIÁRIO DE CONTROLE DA ANSIEDADE

Dia e hora	Nível inicial de ansiedade (0-10)	Duração da prática	Nível final de ansiedade (0-10)	Local da prática	Comentários ou problemas

e respire pelo nariz. Concentrar-se nessas duas regras deve ajudá-lo a dominar esta habilidade.

Você precisa reservar dois períodos de quinze minutos, todos os dias, para dominar esta habilidade, como já mencionamos no Passo Um. Se você conseguir praticar com a regularidade sugerida, deve necessitar, aproximadamente, de uma a duas semanas para dominar esta habilidade. Embora não seja uma catástrofe praticar menos, você demorará mais para conseguir usar efetivamente a respiração compassada.

Também descobrimos que "minipráticas" são muito benéficas, pois funcionam como um lembrete para respirar corretamente durante todo o dia. Pense em uma atividade que você faça freqüentemente durante o dia e possa servir como pista para ajudá-lo a lembrar-se de respirar corretamente. Se você dirige bastante, uma boa oportunidade pode ser a espera nos faróis. Outras pistas possíveis poderiam ser os momentos em que está ao telefone, quando abre ou fecha a porta da geladeira, durante os comerciais na TV, ou ao entrar e sair de uma sala. Algumas pessoas colocam um pequeno círculo adesivo em seu relógio de pulso para ajudá-las a lembrar-se de respirar cada vez que olham a hora. Você pode acrescentar outras pistas a esta lista. Apenas escolha uma ou duas e lembre-se de respirar lenta e profundamente, entre 15 e 30 segundos, diversas vezes ao dia!

USANDO A RESPIRAÇÃO COMPASSADA QUANDO VOCÊ ESTIVER ANSIOSO

Sem dúvida, existirão momentos em que sua ansiedade se elevará além do normal, atingindo proporções de pânico ou próximas às de pânico. Nesses momentos, você precisará de um modo imediato para reduzir o seu desconforto, e a respiração compassada pode ajudá-lo.

Você se lembra de Tom, o policial com um intenso medo de falar em público? Até agora acompanhamos os progressos dele definindo suas metas e avaliando os seus medos. Vamos ver como ele usou suas habilidades para respirar ritmadamente.

Tom era bastante regular em sua prática da respiração. Talvez nem sempre ficasse os quinze minutos praticando, mas geralmente dava um jeito de ficar pelo menos dez minutos. Ele também descobriu que podia fazer diversas sessões de "miniprática" nos intervalos no trabalho. Tom praticou suas habilidades de respiração durante duas semanas antes de tentar usá-las quando estava ansioso, embora tenha sido bastante difícil. Ele queria experimentar esta nova técnica de controle da ansiedade imediatamente, numa reunião do departamento. Mas se lembrou de como era importante ter alguma prática primeiro em situações não-ameaçadoras.

    Quando Tom sentiu que já havia aprendido a respiração compassada, gradualmente começou a usar esta habilidade sempre que sentia que seu corpo estava reagindo ao medo. Uma vez, numa reunião, o supervisor lhe fez uma pergunta sobre um tópico que estava sendo discutido. Tom pôde respirar algumas vezes antes de responder. Na verdade, ele tinha consciência de que estava tentando respirar com o diafragma e não com o peito enquanto falava. Para sua grande surpresa, não se sentiu tão trêmulo nem suou tanto como acontecia normalmente. Ele ainda estava preocupado com o que os outros estavam pensando a seu respeito, mas sentiu uma esperança de que ao menos poderia controlar alguns de seus sintomas corporais.

    Tom continuou praticando e usando suas habilidades de respiração sempre que podia. Ele descobriu que sua ansiedade freqüentemente oscilava durante o dia. Algumas vezes, quando começava a elevar-se Tom simplesmente pensava numa situação futura em que teria de falar em público. Ele aprendeu, por tentativa e erro, que quanto mais cedo usasse suas habilidades de respiração, melhor elas funcionavam. Por exemplo, assim que notava que seus batimentos cardíacos aumentavam, ele começava a usar a técnica da respiração compassada. Ele tinha menos sucesso quando ignorava os primeiros sinais de alerta de seu corpo, e só tentava usar suas habilidades quando seu nível de ansiedade estava bastante elevado.

    A situação de Tom ilustra diversos pontos importantes. Primeiro: do mesmo modo que Tom, você pode descobrir que seu nível de ansiedade tem altos e baixos durante o dia. Isto é normal. Você não deve esperar que um dia venha a reduzir permanentemente o seu nível de ansiedade, usando as suas habilidades de respiração. Segundo: Tom descobriu que suas habilidades eram mais eficazes quando usadas antes que seu nível de ansiedade ficasse muito elevado. Quanto mais cedo reconhecia os seus sintomas iniciais, melhor agia ao diminuir o seu nível de ansiedade. Finalmente, você poderá descobrir que é difícil, simultaneamente, estar ansioso e respirar diafragmaticamente. Este era o caso de Tom.

Entretanto, ele ainda sentia dificuldade em desligar os pensamentos catastróficos que não só eram incômodos, como também, algumas vezes, sabotavam os seus melhores esforços para manter baixo o seu nível de ansiedade. As habilidades descritas no próximo capítulo ajudaram Tom — e o ajudarão também — a lidar com esta situação.

LIDANDO COM OS PROBLEMAS QUE PODEM ACONTECER

Há alguns pontos aos quais você deve dar atenção se estiver tendo dificuldade em usar a respiração compassada para diminuir o seu nível de ansiedade. Revise esta informação e tente seguir as sugestões que lhe parecerem melhores.

Você pode estar muito impaciente por resultados. Isto é compreensível. Mas é impossível "apressar-se e relaxar". Você não pode forçar-se. Na verdade, tentar forçar-se a respirar só aumenta a probabilidade de que você hiperventile. Dê a si mesmo tempo e sessões de prática suficientes para dominar esta habilidade.

Você está sendo consistente em sua prática? Você pode obter melhores resultados se criar o hábito de praticar em momentos fixos, a cada dia. Revise o seu diário. Você está mesmo praticando tanto quanto pensa? Escrever os resultados de sua prática o ajudará a avaliar as suas sessões de prática. Não fique surpreso se você conseguir bons resultados e estiver praticando esporadicamente. Da mesma forma, não espere milagres da noite para o dia, especialmente se a sua prática não for consistente. Embora os resultados devam aparecer em poucas semanas, ainda pode ser cedo demais para que você consiga reduzir o seu nível de ansiedade quando ele estiver subindo como um foguete. É necessária bastante prática para ser capaz de reduzir os seus sintomas nesses momentos de pânico. Se você continuar a praticar, será cada vez mais capaz de reduzir o seu nível de ansiedade quando ele estiver baixo, e acalmar-se depois desses picos de ansiedade.

Revise o espaço de comentários no Diário de Controle de Ansiedade. Interrupções e distrações constantes têm interferido em sua prática? Se isto aconteceu, o que você fez a respeito? Você pode precisar desligar o telefone, sentar-se com sua família e dizer que você não deve ser interrompido nos momentos em que estiver praticando.

Você está dormindo durante as suas sessões de prática? Obviamente, você não poderá ter todos os benefícios de sua prática se cair no sono. Você pode ter de mudar o lugar de sua prática. Talvez não deva deitar-se em sua cama. Você deve estar um pouco menos confortável para poder ficar acordado. Ou, então, mudar o horário da prática para momentos em que esteja um pouco mais alerta.

A seção de comentários de seu Diário pode revelar que você tem pensamentos incômodos ou preocupações que aparecem enquanto está praticando. Se for este o seu caso, evite ficar preso a esses pensamentos. Reconheça que um pensamento determinado está invadindo a sua prática, e aí volte a sua atenção para a respiração compassada. Lembre-se de que, no próximo capítulo, estaremos discutindo como lidar com pensamentos preocupados.

Apesar de seus esforços, você pode achar que em vez de a ansiedade diminuir com a prática, ela está aumentando. Este fenômeno, chamado de *ansiedade induzida pelo relaxamento*, ocorre com algumas pessoas que começam uma prática de controle da ansiedade. Ele acontece porque o seu corpo não está acostumado a sentir-se relaxado e dispara um alarme indicando que algo novo está acontecendo. E o seu corpo tem razão. Você está relaxando e experienciando uma sensação que é bastante estranha. Não se preocupe: por mais que seja incômodo, esse fenômeno é temporário. Não perca a esperança nem evite a prática dessas habilidades. Ao contrário, mantenha-se praticando. A ansiedade induzida pelo relaxamento se dissipará à medida que você continuar a praticar as habilidades de controle da ansiedade.

Resumo

Neste capítulo, apresentamos os alicerces para dominar as habilidades que são necessárias para superar a sua fobia social. O primeiro passo envolve o domínio dos sintomas físicos da ansiedade aguda. Apresentamos a técnica da respiração compassada, que é eficaz em ajudar a maioria das pessoas a lidar com os momentos ansiosos. No Capítulo 12, nós o ajudaremos a controlar os fatores que podem contribuir para os níveis crônicos e agudos de ansiedade.

6

Controlando a Reação de Sua Mente ao Medo

Agora que você aprendeu sobre a reação de seu corpo ao medo, queremos que focalize o papel de sua mente em relação ao medo da desaprovação. Provavelmente, você deve estar lembrado de que dissemos no Capítulo 1 que os pensamentos não-adaptativos freqüentemente são parte da ansiedade. O Capítulo 2 mencionou as crenças não-realistas como um dos principais fatores que contribuem para as fobias sociais. Neste capítulo, nós lhe mostraremos como os pensamentos não-adaptativos e as crenças não-realistas estão relacionados, e como eles trabalham contra você. Também incluiremos um terceiro conceito — *expectativas incorretas* — e descreveremos como essas expectativas fazem com que você exagere o perigo. E, ainda mais importante, ensinaremos estratégias para mudar os pensamentos, crenças e expectativas indesejados. Essas estratégias fazem parte da terapia cognitiva.

Os Pioneiros da Terapia Cognitiva

Recentemente, os profissionais de saúde mental conscientizaramse da forte influência que nossos pensamentos exercem sobre nossas emoções e sobre nosso comportamento. O psicólogo Albert Ellis foi um dos primeiros a criar técnicas terapêuticas destinadas a mudar as cognições irracionais que levam ao sofrimento desnecessário. O seu trabalho, de 1970, foi seguido por uma ampliação da teoria e por estratégias clínicas apoiadas por um forte conjunto de pesquisas. As contribuições dos psicólogos Michael Mahoney, em 1971, e de Donald Meichenbaum, em 1974, ajudaram a construir um impressionante conjunto de evidências a respeito do fato de que modificar os nossos pensamentos pode realmente levar a mudanças positivas nos sentimentos e nas ações. Como foi mencionado no Capítulo 2, o psiquiatra Aaron Beck mostrou, em 1976, como as raízes da depressão podem freqüentemente ser identificadas nos pensamentos irracionais. O pioneiro livro de auto-ajuda do psiquiatra David Burns, lançado em 1980, *Feeling Good: The New Mood Therapy*, mostrou como a depressão pode ser aliviada quando se alteram os modos de pensar para formas mais realistas. Mais tarde, em 1985, Beck e seus colegas ampliaram os seus métodos num esforço para mudar os pensamentos que criam ou aumentam a ansiedade. Em 1989, Burns lançou *The Feeling Good Handbook*, que descreve como as pessoas podem usar, por si mesmas, as técnicas cognitivas para redução da ansiedade. O trabalho do psicólogo Richard Heimberg e de seus colegas, em 1985; a pesquisa de Richard Mattick e de Lorna Peters, em 1988; e outros trabalhos posteriores demonstraram, especificamente, que algumas dessas idéias podem ser úteis para aliviar as fobias sociais.

Entendendo o Papel dos Pensamentos, Crenças e Expectativas

É importante entender como e quando seus pensamentos, crenças e expectativas são prejudiciais. E, em especial, entender como os pensamentos que você experiencia em situações sociais podem ser não-adaptativos, como as suas crenças básicas a respeito de si mesmo e dos outros podem ser não-realistas, e como as suas expectativas de perigo social podem ser incorretas. Essas idéias são explicadas mais detalhadamente a seguir.

PENSAMENTOS NÃO-ADAPTATIVOS

Todas as pessoas têm um fluxo contínuo de pensamentos. Os psicólogos os denominam de *pensamentos automáticos*: eles simplesmente surgem, com pouco ou nenhum esforço. Esses pensamentos são reações automáticas a qualquer situação que esteja acontecendo naquele momento. Com freqüência, você nem os percebe e continua com seus afazeres. Normalmente, os pensamentos automáticos são inofensivos ou até mesmo agradáveis, mas quando surgem por causa de uma fobia são não-adaptativos e, na verdade, o prejudicam de algum modo.

Por exemplo: imagine que você acabou de conversar com uma pessoa atraente, do sexo oposto. Surge um pensamento em sua cabeça: "Ele(a) não gostou de mim. Eu não soube como conversar. Eu sou um fracasso". Essa corrente de pensamentos relacionados a uma situação específica terá uma tendência a tornar outras situações semelhantes mais difíceis para você, no futuro. A situação se torna um gatilho para os pensamentos, e os pensamentos são perturbadores — tão perturbadores que, na verdade, você pode acabar realizando a sua profecia por não saber o que dizer, *agindo* como um fracasso. Veja outros exemplos de pensamentos não-adaptativos no Capítulo 1.

CRENÇAS NÃO-REALISTAS

O que causa os pensamentos não-adaptativos? Eles vêm de nossos sistemas básicos de crenças. A maioria das pessoas tem numerosas crenças gerais e não-realistas que as faz pensar de modo não-adaptativo em determinadas situações.

Vamos examinar novamente o exemplo dado. Quais são as crenças não-realistas subjacentes aos pensamentos: "Ele(a) não gostou de mim. Eu não soube como conversar". A pessoa que experiencia esses pensamentos tem uma crença mais ou menos assim: "Eu sou um fracasso a menos que todos gostem de mim", ou "Eu preciso ser perfeito para ser aceito pelos outros". Essas crenças são rígidas: você as carrega em todos os momentos; elas servem como axiomas ou princípios gerais a respeito das pessoas, do mundo e de si mesmo. Elas são diferentes daqueles pensamentos que se ajustam e mudam de uma interação para outra. A maior parte das pessoas não tem consciência dessas crenças centrais, mas elas podem ser descobertas se você fizer algum esforço. Pode ser útil rever primeiro algumas das crenças não-realistas mais comuns, que podem contribuir para a fobia social.

- Se eu ficar ansioso, não vou conseguir fazer nada com outras pessoas por perto.
- Se eu cometer um erro, os outros não vão gostar de mim.
- Se os outros pensam que eu não sou bom, isto deve ser verdade.

- Se eu demonstrar alguma ansiedade, os outros me julgarão fraco.
- Se eu for criticado por uma coisa específica, a crítica vale para todo o meu valor como pessoa.
- Se os outros realmente me conhecerem, vão perceber que sou um "impostor".
- Se os outros me desaprovarem, não serei capaz de suportar.

Esta lista não está completa. Você vai aprender como descobrir outras crenças que pode ter e que contribuem para os seus medos sociais. Observe que muitas dessas crenças não-realistas tendem a ser perfeccionistas e contêm a idéia de que você deveria evitar a desaprovação. O texto a seguir lhe dará algumas sugestões a respeito de como lutar contra o perfeccionismo e viver com a inevitabilidade da desaprovação.

UM FOCO NO PERFECCIONISMO: COMO LUTAR CONTRA ELE

O perfeccionismo é um problema comum nas pessoas com fobia social. O perfeccionista tende a definir metas não-realistas e inatingíveis. Muitas pessoas com fobias sociais sentem que nunca poderão cometer um erro diante dos outros; em outras palavras, precisam ser perfeitas. Obviamente, essas pessoas nunca poderão sentir-se satisfeitas consigo mesmas até que consigam mudar sua crença no perfeccionismo.

Você se lembra de Tom, o policial com fobia de falar em público? Tom sofria com a crença central de que tinha de ser perfeito. Aqui está um exemplo de seu processo de monitoramento dos pensamentos. Mais adiante, neste capítulo, você aprenderá a monitorar o seu próprio processo de pensamento.

Situação	*Pensamentos*
Gaguejar em algumas palavras ao falar numa reunião	Estraguei tudo de novo! Eu deveria ser capaz de fazer uma afirmação simples sem gaguejar nas palavras.

Esse tipo de pensamento exemplifica o perfeccionismo que pode realmente exacerbar a ansiedade de um fóbico social. Em vez de sentir-se feliz por ter tido a coragem de fazer um comentário, Tom está se colocando "para baixo" por não ser perfeito. Ele precisou dedicar bastante esforço para superar o seu perfeccionismo. Isto está descrito adiante na parte sobre "prática de erro", no Capítulo 9, que focaliza as ações de Tom para corrigir este problema. Igualmente importante, contudo, foi a disposição de Tom para tentar pensar de modo diferente. Ele teve de considerar a possibilidade de adotar uma atitude diferente. Para não cair no perfeccionismo, experimentou dizer a si mesmo: "Está tudo bem se eu gaguejar em algumas palavras. Eu não preciso ser perfeito. Eu não vou mais esperar isto de mim mesmo".

Tom avaliou o que ele poderia estar ganhando ao manter o seu velho perfeccionismo, a crença de que só seria aceitável se fizesse as coisas sem imperfeições. Ele chegou à conclusão de que manter esta crença significava escolher infelicidade e insatisfação constantes. E, além de tudo, o perfeccionismo é inatingível. Formas mais construtivas de pensar levam a sentimentos mais positivos e a muito menos ansiedade.

Você é um perfeccionista?

UM FOCO NA VIDA COM DESAPROVAÇÃO

Muitas pessoas com fobias sociais acreditam que têm de ser amadas e aprovadas por todos. Elas sentem-se incapazes de lidar com a rejeição. Talvez você também pense desse modo. E, se for assim, precisa ouvir repetidamente esta mensagem.

Está tudo bem se algumas pessoas não gostarem de você ou o desaprovarem algumas vezes. Na verdade, isto é inevitável.

Isto soa chocante ou totalmente incorreto para você? Infelizmente, muitas pessoas são criadas para acreditar que a aprovação de todos, em todas as circunstâncias, é uma necessidade. O problema em ter esta atitude é que você está destinado a se sentir mal, pois absolutamente ninguém é amado por todos nem tem aprovação universal para todas as suas ações. É ótimo ser amado. É ótimo ter a aprovação dos outros. Contudo, essas coisas nem sempre são essenciais nem indicam se você é uma pessoa de valor ou não. Você só precisa olhar ao seu redor (ou rever a sua própria história) para ver que a popularidade ou a "proporção de aprovação" de todos flutua com o tempo e nunca é universal. Jesus e outras figuras religiosas foram tanto amadas quanto odiadas. Van Gogh nunca vendeu um quadro em sua vida, mas hoje é visto como um gênio. O valor real dessas pessoas flutuou? Claro que não. Os julgamentos de valor e as opiniões das pessoas é que mudam com o tempo. Se você julgar a si mesmo pelo que as outras pessoas pensam, sempre perderá.

É mesmo verdade que você não pode agradar a todas as outras pessoas o tempo todo. Não é possível, e não é necessário. Aceitar que os outros ocasionalmente o desaprovarão ou reagirão de forma negativa pode ser um antídoto efetivo para a fobia social.

Você percebe como essas crenças tornam muito mais provável que você tenha pensamentos não-adaptativos em situações sociais? Está claro para você de que modo essas crenças são não realistas? Se sim, então você está bem adiantado em sua compreensão de como a sua mente influencia a sua fobia social. Se você ainda não está convencido, continue a ler mesmo assim.

EXPECTATIVAS INCORRETAS

Esta é outra peça deste quebra-cabeças, isto é, aprender como suas crenças não-realistas subjacentes podem levá-lo a exagerar o "perigo social" e, assim, manter a sua fobia social. As suas crenças influenciam muito as suas expectativas a respeito do que acontecerá em determinada situação. Crenças realistas levam a expectativas precisas. Crenças não-realistas levam a superestimativas do perigo de situações sociais.

Há duas formas em que você pode exagerar a ameaça presente em uma situação social. A primeira consiste em exagerar as chances da ocorrência de desaprovação; a segunda em exagerar as conseqüências do que ocorreria se acontecesse a desaprovação. Em outras palavras, pessoas socialmente ansiosas tendem a esperar a desaprovação em situações em que ela não é provável, e a superestimar a intensidade da desaprovação se ela efetivamente acontecer. Essas pessoas vêm a desaprovação como muito provável e muito grave. Esses exageros são chamados de distorção de probabilidade e distorção de gravidade, pois as pessoas exageram na probabilidade e na gravidade da desaprovação. As distorções de probabilidade e de gravidade levam a conclusões perturbadoras (e, como você certamente comprovará, incorretas) que aumentam a ansiedade social. Você poderá compreender exatamente quanto algumas de suas crenças são não-realistas quando conseguir perceber como essas distorções fazem com que exagere no perigo social. Nós o ajudaremos a avaliar as suas próprias estimativas de probabilidade e de gravidade no decorrer deste capítulo.

A RELAÇÃO ENTRE PENSAMENTOS, CRENÇAS E EXPECTATIVAS

Você tem agora uma compreensão básica dos pensamentos não-adaptativos, das crenças não-realistas e das expectativas incorretas. Mas ainda pode não estar claro para você como esses três conceitos se encaixam. O diagrama a seguir poderá ajudá-lo.

As crenças são os princípios e as premissas gerais que o guiam em sua vida. Representam julgamentos a respeito de si mesmo e das pessoas em geral. As suas crenças gerais influenciam o que você espera que aconteça em cada situação específica. Se as suas crenças são não-realistas, as suas expectativas serão imprecisas. No caso das fobias sociais, as crenças não-realistas fazem com que você espere mais perigo do que existe na realidade. Quando você está numa situação social e espera perigo, os seus pensamentos serão não-adaptativos, isto é, eles farão com que você se sinta desconfortável desnecessariamente e distrairão a sua atenção da tarefa que tem a cumprir. Lembre-se: crenças não-realistas levam a expectativas imprecisas, que levam a pensamentos não-adaptativos.

OS COMPONENTES MENTAIS DA FOBIA SOCIAL

Crenças não-realistas (sobre você mesmo e sobre os outros)

Por exemplo: "Se eu mostrar qualquer ansiedade, os outros vão pensar que sou fraco. Sou incapaz de tolerar a desaprovação dos outros".

↓

Expectativas incorretas (sobre uma situação específica)

Por exemplo: "A platéia certamente vai perceber a minha ansiedade durante minha palestra desta noite e ela será uma catástrofe total".

↓

Pensamentos não-adaptativos (durante a situação)

Por exemplo: "A platéia pode perceber que estou ansioso. Todos vão me odiar. É o fim da minha carreira".

Aprendendo a Respeito de seus Próprios Pensamentos, Crenças e Expectativas

Agora que você tem uma compreensão básica de como a reação de sua mente ao medo pode manter sua fobia social, vamos examinar o que você pode fazer para quebrar esse círculo vicioso. Como você pode desenvolver novos pensamentos, novas crenças e novas expectativas? Bem, antes de mudá-los você precisa aprender a reconhecê-los e a identificá-los.

IDENTIFICANDO OS SEUS PENSAMENTOS NÃO-ADAPTATIVOS

Para poder identificar os seus pensamentos não-adaptativos, é necessário monitorar e registrar o que se passa em sua mente. Esta pode ser uma tarefa relativamente fácil para alguns leitores, mas para outros pode ser confusa. "Como vou saber o que estou pensando? Eu só sei que estou ansioso."

Nós lhe asseguramos que a maioria das pessoas pode aprender a reconhecer os pensamentos, mesmo que isto não lhe pareça natural. Esforço e prática fazem uma enorme diferença no desenvolvimento desta habilidade, assim como acontece com outras. Se você for persistente, logo começará a perceber que está mais consciente do fluxo contínuo de "conversa interior" que ocorre em sua cabeça. O ingrediente mais necessário é simplesmente a disposição para focalizar os seus pensamentos. Isto pode ser um desafio quando você está ocupado e no meio dos eventos que formam cada dia. No entanto, desenvolver a habilidade de monitorar os pensamentos pode ser um de seus instrumentos mais poderosos para conquistar a fobia social.

Não é produtivo olhar para o passado, dias ou semanas depois de um incidente que provocou ansiedade, e perguntar a si mesmo: "O que eu estava pensando?". Isto pode lhe dar alguma informação valiosa, mas é muito provável que você tenha esquecido muitos detalhes cruciais. É muito mais produtivo manter um registro escrito diário dos pensamentos. A seguir há um formulário que você pode usar para "pegar a si mesmo" no momento em que está tendo pensamentos não-adaptativos. Muitas pessoas, em nossa clínica, acham este formulário extremamente útil. Faça várias cópias dele, e tenha sempre com você a cópia que estiver usando no momento. Assegure-se de que sempre tenha algo com que escrever! Use todo o espaço necessário para cada anotação.

A primeira coluna do diário de pensamentos pede que você avalie a sua ansiedade, usando a escala de 0-10 para ansiedade, descrita no Capítulo 5. Faça uma anotação sempre que se sentir ansioso a respeito de uma situação social. Anote a data e o horário na segunda coluna e descreva resumidamente a situação (por exemplo: "Encontro com Mark num restaurante"). Na quarta coluna registre uma versão sem censura dos pensamentos que estiverem passando pela sua cabeça naquele momento (continuando o exemplo anterior: "Eu vou parecer tola! Este será o nosso primeiro e último encontro. Como fui burra por ter aceito o convite!"). Preencha este formulário em diversos dias, tanto em dias úteis quanto nos fins de semana. Se você não puder preenchê-lo no momento exato em que está se sentindo socialmente ansioso, tente fazê-lo assim que possível. O ideal é escrever quando os seus pensamentos são razoavelmente recentes. Pode parecer muito trabalho, mas é a melhor forma de revelar o fluxo contínuo de conversa interior que há em sua cabeça.

DIÁRIO DE PENSAMENTOS

Nível de ansiedade (0-10)	Data e horário	Situação	Pensamentos não-adaptativos

IDENTIFICANDO AS SUAS CRENÇAS NÃO-REALISTAS

Bem, vamos imaginar que você fez um esforço para monitorar e registrar os seus pensamentos. Agora tem uma idéia dos tipos de pensamentos que experiencia quando está numa situação social que teme ou quando você está pensando sobre ela. O próximo passo é identificar as suas crenças.

Leia novamente a lista de crenças não-realistas no início deste capítulo. Veja se alguma delas faz soar um alarme em você. Por exemplo, se for criticado por alguma coisa específica, você acredita que a crítica vale para toda a sua pessoa? Você acredita que não será capaz de tolerar se os outros o desaprovarem? Se não tiver certeza, lembre-se de que nem sempre as pessoas estão conscientes de suas crenças. Pode ser útil voltar ao diário de pensamentos que você preencheu na seção anterior. Enquanto estiver lendo novamente os seus pensamentos não-adaptativos, veja se eles lhe dão alguma pista das crenças não-realistas que você mantém. Verifique se alguma dessas crenças lhe *parece* correta, mesmo que você saiba que elas são não-realistas. Use o espaço abaixo para relacionar as crenças não-realistas que você for capaz de identificar.

MINHAS CRENÇAS NÃO-REALISTAS

_____
_____
_____
_____
_____

IDENTIFICANDO AS SUAS EXPECTATIVAS INCORRETAS

Vejamos as suas expectativas sobre perigo social, que vêm das crenças não-realistas que você acabou de identificar. Escolha em seu diário de pensamento uma situação social que tenha lhe causado mais ansiedade. Faça uma breve descrição da situação.

_____
_____
_____

Agora pense sobre a possibilidade de experienciar desaprovação nessa situação. Usando a primeira escala (a seguir) escolha um percentual entre 0 e 100 que represente o que você sente sobre as chances de experienciar desaprovação naquela situação. Deixe que seu medo fale enquanto você está fazendo esta avaliação. O importante é como você realmente se sentiu, não como acha que deveria ter-se sentido. Escreva aqui o percentual: _____.

MINHAS CHANCES DE EXPERIENCIAR DESAPROVAÇÃO

0% 10% 20% 30% 40% 50% 60% 70% 80% 90% 100%

Nenhuma possibilidade de desaprovação	Alguma chance	Cinqüenta por cento de chances	Boas possibilidades	Desaprovação

Vamos agora examinar como você avalia a gravidade da desaprovação nessa mesma situação. O importante agora é quanto você sente que seria ruim se alguém o tivesse desaprovado ou ao seu comportamento. Usando a escala abaixo, escolha o percentual entre 0 e 100 que melhor represente o grau de gravidade ou de catástrofe das conseqüências da situação se alguém o desaprovasse. Escreva aqui o percentual: _____.

GRAU DE GRAVIDADE DAS CONSEQÜÊNCIAS DA DESAPROVAÇÃO

0% 10% 20% 30% 40% 50% 60% 70% 80% 90% 100%

Nenhum problema	Um pouco desagradáveis	Graves	Muito graves	As piores possíveis

Agora você já deve ter uma idéia de quais são as suas expectativas originais. É muito provável que você sinta que as probabilidades da desaprovação são altas, e as conseqüências da desaprovação são muito graves ("Eu não poderia agüentar isto." "Todos pensariam que sou louco." "Eu nunca poderia encará-los de novo", e assim por diante). Você pode sentir que elas são verdadeiras, pois tem essas expectativas há algum tempo. Mas não tenha tanta certeza.

Veja, na próxima seção, o que você pode descobrir quando for avaliar a exatidão de suas expectativas.

MUDANDO SEUS PENSAMENTOS, CRENÇAS E EXPECTATIVAS

Você provavelmente tem agora uma compreensão maior dos tipos de pensamentos não-adaptativos que experiencia em situações sociais, como são suas expectativas em termos da probabilidade e da gravidade da desaprovação, e identificou as suas crenças não-realistas que influenciam esses pensamentos e expectativas. Agora é o momento de desenvolver formas mais saudáveis de pensar e de responder às situações sociais que você teme. Isto inclui desenvolver crenças mais realistas e expectativas mais precisas. Isto também inclui mudar sua forma de pensar.

SUBSTITUINDO PENSAMENTOS NÃO-ADAPTATIVOS POR AFIRMAÇÕES DE CONVIVÊNCIA

Para livrar-se dos pensamentos auto-sabotadores como aqueles que identificou em seu diário de pensamento, você precisa aprender a substituí-los por pensamentos mais adaptativos e construtivos, denominados *afirmações de convivência*.

Quais são as características de uma afirmação de convivência? Primeiro, ela deve ter as suas próprias palavras, não uma linguagem que lhe pareça abstrata ou distante de seus problemas. Segundo, deve se aplicar diretamente a suas preocupações específicas: se você se preocupa com o rubor, uma afirmação de convivência sobre o suor não o ajudará. Terceiro, uma boa afirmação de convivência deve ser realista. Ocasionalmente, encontramos pessoas tentando opor-se a pensamentos assustadores com afirmações como: "Na verdade, eu não estou ansioso" ou "Ficarei calmo. Definitivamente, não direi nada estúpido". Essas afirmações não funcionam bem porque são não-realistas: você não pode esperar ter controle completo ou eliminar totalmente a ansiedade. Além disso, observe como a afirmação de convivência "Eu não direi nada estúpido" faz com que a pessoa ansiosa prometa ser perfeita. Talvez ela faça uma observação um pouco tola; essas coisas acontecem. A afirmação seria melhor se lembrasse a pessoa ansiosa de que está tudo bem em ser humano, que todos têm momentos desajeitados e que isso não é uma calamidade.

Por fim, as afirmações de convivência devem ser relativamente curtas e simples. Mantê-las curtas e diretas faz com que elas sejam fáceis de lembrar e de usar. Isto é importante porque você precisará memorizar as suas afirmações de convivência para torná-las realmente úteis.

Agora, tente escrever sua própria afirmação de convivência. Em geral, elas podem seguir o seguinte formato:
A maioria das pessoas aceitará que (aquilo que você teme que aconteça).
Posso conviver com a desaprovação. Não é tão ruim.
Aqui estão alguns exemplos ligados a metas comuns com as quais você pode estar trabalhando.

- A maioria das pessoas aceitará que minhas mãos tremam enquanto eu estiver comendo.
  Posso conviver com a desaprovação. Não é tão ruim assim.
- A maioria das pessoas aceitará que eu gagueje em algumas palavras quando estiver dando uma palestra.
  Posso conviver com a desaprovação. Não é tão ruim assim.
- A maioria das pessoas aceitará que eu me demore no banheiro.
  Posso conviver com a desaprovação. Não é tão ruim assim.
- A maioria das pessoas aceitará que minha escrita seja um pouco desordenada.
  Posso conviver com a desaprovação. Não é tão ruim assim.
- A maioria das pessoas aceitará que eu diga algo tolo num encontro.
  Posso conviver com a desaprovação. Não é tão ruim assim.

Observe como essas afirmações de convivência vão contra os exageros de probabilidade e de gravidade. A primeira frase o lembra de que a probabilidade de desaprovação é menor do que o seu medo diz que é. A segunda frase o lembra de que você é capaz de lidar com a desaprovação e que as conseqüências não são tão graves como o seu medo o levaria a acreditar.

Escreva a sua afirmação de convivência aqui, para referência futura:

A maioria das pessoas aceitará se _____.
Posso conviver com a desaprovação. Não é tão ruim assim.

Agora que você escreveu a sua afirmação de convivência, como vai usá-la? Há diversos modos. Você pode repetir a sua afirmação de convivência para si mesmo quando se sentir ansioso. Isto interromperá os seus pensamentos não-adaptativos. (É difícil pensar em duas coisas diferentes ao mesmo tempo!) Além disso, repetir a sua afirmação de convivência lhe dá uma interpretação mais saudável da situação e, desta forma, contra-ataca as suas crenças irreais. Algumas pessoas gostam de usar a sua afirmação de convivência junto com as habilidades de respiração compassada. Por exemplo, em vez de contar, você pode repetir a sua afirmação de convivência a cada inspiração e expiração. Se o fizer, assegure-se de sincronizar as suas afirmações com a sua respiração, encontrando um ritmo que seja confortável.

Alguns de vocês podem pensar: "É muito fácil ensaiar as afirmações de convivência quando se está calmo, mas sei bem que quando a ansiedade surge não sou capaz de pensar claramente". É verdade que pode ser difícil invocar os pensamentos tranqüilizadores quando você se aproxima de situações reais de medo. É por isso que é tão importante escrever uma afirmação de convivência curta e memorizá-la. Você deveria saber tão bem a sua afirmação de convivência que pudesse lembrar-se imediatamente dela, sem hesitação. É essencial praticar diariamente a sua afirmação de convivência.

Você também pode querer criar e carregar consigo mesmo aquilo que chamamos de *cartão de convivência*. Este cartão contém diversas afirmações de convivência. Ele lhe dá espaço para elaborar e personalizar a sua afirmação de convivência básica, acrescentando-lhe outros comentários úteis que seria difícil memorizar. Embora o cartão de convivência seja uma idéia simples, muitas pessoas com quem trabalhamos o valorizam muito. Elas conseguem rever discretamente o cartão para um pequeno "lembrete de convivência" antes de dar uma palestra, antes de se aproximar de alguém atraente, antes de entrar num restaurante ou num banheiro público. Algumas pessoas sentem que ter o cartão de convivência à mão é calmante, mesmo que não precisem lê-lo. Em nossa opinião, realmente vale a pena carregá-lo, em especial quando uma situação difícil está próxima ou quando é provável que você sinta ansiedade ao antecipar uma situação. É claro que um cartão de convivência não deve se tornar uma distração. Ao contrário, ele deveria ajudá-lo a focar aquilo que está experienciando e como lidar com isto.

Vejamos o que Tom escreveu em seu cartão. Sua afirmação de convivência básica era: "A maioria das pessoas aceitará que eu cometa um engano durante minha fala. Posso conviver com a desaprovação. Não é tão ruim assim". Eis o cartão de Tom:

CARTÃO DE CONVIVÊNCIA

Quando a situação exigir que eu fale em público, provavelmente ficarei ansioso. Meu coração irá disparar e é provável que eu transpire. Mas posso fazer o melhor, mesmo estando nervoso. Só preciso lembrar-me, que a ansiedade é desconfortável, mas dura pouco. Não é importante ser perfeito — sou humano como todas as outras pessoas. Eu me sentirei orgulhoso por ter tido coragem de encarar os fatos. Encarar os meus medos me ajuda a superá-los. Acima de tudo, lembrar-me-ei de que, provavelmente, não acontecerá nenhum desastre. E mesmo que haja alguma desaprovação, não será o fim do mundo. As pessoas com quem me importo irão gostar de mim mesmo que eu não fale de modo fluente. Usarei minha respiração compassada para fazer com que os sintomas passem mais rapidamente.

Seu cartão de convivência pode ser bem parecido com o de Tom, ou pode ser completamente diferente. O importante é que as afirmações nele contidas o acalmem de forma realista. Inclua frases que neguem os exageros de probabilidade e de gravidade. Inclua também antídotos lógicos para todos os pensamentos não-adaptativos que você puder identificar. Lembre-se, no entanto, de que, embora o seu cartão de convivência possa conter afirmações positivas, você ainda precisa de uma afirmação de convivência curta para aqueles momentos em que não seja possível ou conveniente ler o seu cartão.

DESENVOLVENDO EXPECTATIVAS MAIS PRECISAS

Embora seja importante ser capaz de interromper os pensamentos não-adaptativos, uma recuperação duradoura exige que você passe a ter expectativas mais precisas a respeito das situações sociais.

Queremos que você reavalie as estimativas de probabilidade e de gravidade da desaprovação, que fez anteriormente neste capítulo, pois uma das razões pelas quais as pessoas com uma fobia social continuam exagerando a ameaça de perigo é porque ignoram a informação que contradiz as suas expectativas exageradas.

Comece reconsiderando a sua expectativa de probabilidade — sua estimativa de quão provável será a ocorrência real de desaprovação. (Volte à situação que você havia selecionado em seu diário de pensamentos.) A idéia é ajudá-lo a desenvolver uma estimativa mais precisa da probabilidade de ocorrência da desaprovação numa situação similar. Relacionamos abaixo algumas formas de conseguir informações que podem lhe ser úteis.

Pergunte para outras pessoas. Escolha pessoas com quem você se sinta à vontade, mas que não compartilhem os seus medos sociais. Descreva a situação para elas, bem como as conseqüências que você teme. (*Minha mão vai tremer, eu vou ficar vermelha, eu vou esquecer minha fala*, e assim por diante). E, então, pergunte-lhes o que pensariam se observassem essa conseqüência. Elas desaprovariam alguém que ficasse vermelho, gaguejasse ou esquecesse a sua fala? Se a percepção das pessoas for mais caridosa do que você espera, pergunte-lhes por que não desaprovariam. Tente perceber em que pontos a interpretação das pessoas difere da sua.

Examine as suas próprias experiências. Pense tão objetivamente quanto puder a respeito da evidência real que você tem para suas expectativas. Pergunte a si mesmo: "Quantas vezes estive nessa situação? Quantas vezes houve evidência clara de que as outras pessoas me desaprovavam?".

Considere a validade da desaprovação. Em outras palavras, baseado em que alguém o desaprovaria? O que há de tão inaceitável nas conseqüências que mereçam desaprovação? Os seus sintomas ou o seu comportamento realmente justificariam as reações negativas dos outros?

Descubra a influência das crenças irreais. Reveja as crenças irreais que você escreveu anteriormente neste capítulo. É possível que essas crenças o tenham levado a exagerar na probabilidade de desaprovação? Sua estimativa da probabilidade de desaprovação mudou depois de ter considerado as questões acima?

Vamos seguir um procedimento semelhante para reavaliar as suas expectativas sobre a gravidade das conseqüências da desaprovação. No começo deste capítulo, você avaliou o percentual da gravidade das conseqüências nesta situação. Considere as questões abaixo para reavaliar sua estimativa.

Pergunte para outras pessoas. Agora indague sobre a gravidade da desaprovação. Quão grave elas acham que seria se realmente desaprovassem alguma coisa que alguém fizesse numa situação social? E se alguém as desaprovasse numa situação semelhante, quão importante elas acham que seria? Elas acham que poderiam lidar com isto? E se elas desaprovassem alguém numa situação social, esta seria sua opinião sobre a pessoa, ou elas poderiam reavaliar e mudar de opinião?

Examine as suas próprias experiências. Você consegue lembrar-se de um momento em que realmente tenha experienciado a desaprovação? Como você se sentiu? Você permaneceu na situação para ver se poderia lidar com ela ou foi embora? Se você ficou, como lidou com a situação? Se você foi embora, a desaprovação permaneceu fixa para sempre?

Considere a validade de sua estimativa de gravidade. Há alguma razão válida pela qual alguém ficaria muito incomodado se aquilo que você mais teme acontecer numa situação social? E se for assim, há alguma razão para esperar que você não sobreviva à experiência? Você acha que, finalmente, veria a irracionalidade da resposta da outra pessoa? A opinião de outra pessoa realmente muda de forma significativa você, o seu valor, ou a sua vida?

Descubra a influência de suas crenças irreais. Reveja novamente a sua lista de crenças irreais. Alguma dessas crenças o está levando a exagerar na gravidade das conseqüências da desaprovação?

Depois de considerar todas as novas informações que você obteve com os procedimentos acima, faça uma nova estimativa de gravidade. Recorra à escala (Grau de gravidade das conseqüências da desaprovação) e escolha o percentual mais representativo de sua estimativa revisada. Esse percentual é menor do que a sua expectativa original?

Talvez neste momento você esteja pensando, "Que ótimo, posso dizer minha afirmação de convivência e ajustar minhas expectativas, mas ainda estou preso às mesmas velhas crenças que continuam me criando problemas". É verdade que, normalmente, demora mais para mudar as crenças do que para mudar pensamentos e expectativas. É difícil livrar-se de crenças irreais ou não, que estão com você há muito tempo e fazem parte de seu modo básico de pensar e sentir a respeito do mundo. No entanto, até mesmo a pior das crenças pode mudar sob condições corretas. Seja paciente. À medida que for mudando suas expectativas em diversas situações sociais, a natureza falsa de algumas de suas crenças começará a se tornar aparente. Afinal, essas crenças irreais fizeram com que você exagerasse o perigo social. Talvez você já tenha questionado algumas de suas crenças enquanto revia as estimativas de probabilidade e de gravidade no item anterior.

O modo mais poderoso para mudar suas crenças ainda está por vir. Isto é só o começo. No próximo item deste livro, você aprenderá uma técnica comprovada, chamada *exposição*, que realmente colocará seu pensamento à prova. Você será capaz de ver por si mesmo quais pensamentos — os seus antigos não-adaptativos ou as suas novas afirmações de convivência — o tornarão mais capaz de se sentir melhor e de ter melhor desempenho nas situações sociais. Você poderá descobrir, em primeira mão, se as suas crenças são realistas e se as suas expectativas são precisas.

Antes de continuar, pode ser útil ver o processo de mudança de pensamentos, crenças e expectativas de outra pessoa.

UM EXEMPLO PRÁTICO

Tracy, 26 anos, tinha uma fobia generalizada bastante severa. Ela se sentia ansiosa ao conversar, mesmo que brevemente, com outra pessoa que não fosse o seu marido, familiares próximos e uma ou duas amigas íntimas. Ela trabalhava como vendedora numa loja de departamentos e era capaz de sorrir e ser amigável. Contudo, quando a situação era puramente social, Tracy se sentia completamente inadequada. Por conseqüência, ela evitava qualquer tipo de festa, afastando-se de todos. Sua ansiedade ao encontrar pessoas e ser forçada a interagir socialmente com elas era tão grande que ela evitava restaurantes, *shoppings* e cinemas próximos, desviando-se quilômetros de seu caminho. Ela também perdia boa parte da vida familiar e das amizades por causa de seus medos. Como Tracy passou pelo processo de mudança de seus pensamentos, crenças e expectativas? Primeiro, identificou seus pensamentos não-adaptativos. Seu diário de pensamentos certamente continha muitas pistas sobre as raízes de seus medos. Aqui está um exemplo.

Data	Nível de ansiedade	Horário	Situação	Pensamentos não-adaptativos
2ª-feira	6	17h	Convite para o chá de bebê da irmã	Detesto desapontar Paula, mas não posso ir. Haverá pelo menos quinze mulheres com quem terei de conversar, e será complicado! Eu não vou saber se devo falar com elas, nem o que dizer. Quando tento falar numa situação destas, o que digo soa entediante. Todas notarão que estou suando e nervosa. Elas terão pena de Paula por ter uma irmã tão estranha.

Os pensamentos de Tracy lhe parecem familiares? É mais fácil enxergar as distorções no pensamento de outra pessoa. Examine bem os pensamentos de Tracy e veja como são não-adaptativos. De que formas eles provavelmente a deixarão ansiosa e interferirão em sua habilidade de interagir com os outros?

Depois de identificar alguns de seus pensamentos não-adaptativos, Tracy examinou a lista de crenças irreais que as pessoas com fobia social usualmente têm. Ela descobriu que várias dessas crenças se aplicavam a ela.

• Se eu mostrar qualquer ansiedade, os outros me considerarão fraca.

- Se eu cometer um erro, os outros não gostarão de mim.
- Se os outros me desaprovarem, não serei capaz de agüentar.

Tracy também foi capaz de identificar e de anotar algumas de suas crenças irreais que davam apoio a seus medos.

- Ninguém quer se relacionar com uma pessoa tão neurótica — meus pais e minha irmã devem ter vergonha de mim.
- Os outros convidados pensarão que sou estranha ou até mesmo louca se perceberem como estou ansiosa. Serei a única pessoa que estará se sentindo nervosa e desajeitada.
- As pessoas que têm sintomas como os meus são inaceitáveis socialmente. Se eu for ao chá de bebê, terei de enfrentar uma rejeição devastadora. As pessoas irão se perguntar se a loucura é comum na nossa família.
- É muito importante que as pessoas reajam positivamente a tudo o que faço. O meu valor como pessoa depende da aceitação e da aprovação das outras pessoas.

Depois de confrontar as suas crenças, escritas com todas as letras, Tracy pôde ver como elas poderiam ser julgadas irreais por uma pessoa não envolvida. Mas mesmo assim ela sabia que essas crenças refletiam o modo como realmente se sentia.

Seu próximo passo foi examinar cuidadosamente o modo como suas crenças formavam suas expectativas e determinavam sua tendência a exagerar a ameaça de dano social. Ela já havia estimado a probabilidade de experienciar desaprovação se fosse ao chá de bebê da irmã. Usando a mesma escala que você usou, ela identificou uma probabilidade de 95% de que aquilo que ela dissesse fosse percebido como sendo tedioso e fútil, e de que as outras pessoas notassem a sua ansiedade. Então, ela se preparou para a tarefa de reavaliar essa expectativa. Ela começou achando coragem para falar com uma amiga sobre qual seria a sua reação se Tracy dissesse algo tedioso durante o chá de bebê. A amiga disse-lhe que ela geralmente achava a sua conversa interessante. Ela perguntou a Tracy como havia chegado a um julgamento tão negativo a respeito de suas habilidades de comunicação. Que espécie de coisas ela temia que pudessem ser julgadas de forma tão severa?

Confiando na amiga, Tracy disse-lhe que, provavelmente, começaria com "Como vai?". Se ela já conhecesse a pessoa, talvez comentasse como estava animada com a perspectiva de tornar-se tia. Sua amiga encolheu os ombros e disse-lhe que essas observações lhe pareciam perfeitamente agradáveis e apropriadas, mesmo que não fossem brilhantes. Ela perguntou a Tracy se ela consideraria essas observações tediosas e fúteis se fossem ditas por outra pessoa. Tracy reconheceu que não pensaria negativamente se outra pessoa iniciasse uma conversa com essas amenidades.

Tracy começou a ver as coisas sob uma nova luz depois de ter falado com sua amiga. Ela reviu sua experiência anterior e teve de admitir que não podia se lembrar de muitas situações em que houvesse sinais claros de que as outras pessoas a consideravam entediante. Então, perguntou a si mesma: "Mesmo que eu diga algo tedioso, é válido que alguém me desaprove como pessoa por causa disso?". Ela foi capaz de ver como era improvável que alguém a desaprovasse por estar temporariamente desligada. Ela reconheceu que, talvez, a sua baixa autoconfiança a estava levando a julgar a si mesma — e aos outros — de um modo severo demais. Depois dessas considerações, ela alterou sua estimativa da probabilidade de que seus comentários fossem vistos como tediosos e fúteis para 30% — uma mudança e tanto! Tracy pensou: "Sinto-me tediosa e incapaz nessas situações, mas acho que isso não significa, necessariamente, que eu esteja sendo assim". Esta também foi uma percepção importante: sentimentos negativos a seu próprio respeito não estão necessariamente baseados nos fatos. Muitas pessoas boas, com muito do que se orgulhar, têm uma auto-imagem negativa. Se você se pegar rotulando a si próprio de forma negativa, pergunte a si mesmo se está sendo razoável. Provavelmente, você descobrirá que os sentimentos negativos a seu próprio respeito são exagerados.

Tracy continuou a reestimar a probabilidade de que os outros notassem que ela estava suando e ansiosa. Ela havia estimado isto em 100%. Esse número parece razoável para você? Tracy considerou algumas evidências que havia deixado de lado anteriormente e, então, reconheceu que os outros haviam comentado poucas vezes que ela parecia ansiosa, dentre as numerosas ocasiões em que havia transpirado e ficado muito nervosa. Ela também foi capaz de lembrar-se de como seu marido e sua família haviam ficado surpresos com a extensão de seus medos sociais. Eles tinham até mesmo comentado que, embora ela parecesse tímida e retraída, raramente parecia ansiosa! E outra peça de evidência, que a levou a revisar sua estimativa de probabilidade, veio da observação dos outros. Tracy foi capaz de ver que outras pessoas, algumas vezes, estão nervosas sem demonstrar abertamente a ansiedade. Por exemplo, ela lembrou-se de ter assistido a uma exposição feita por uma colega de trabalho numa reunião, e de sua surpresa ao ouvir mais tarde a colega descrever como havia-se sentido amedrontada. Depois de rever essas e outras peças de evidência, Tracy alterou para 25% sua estimativa das chances de que os outros notassem sua ansiedade. Ela percebeu que estava agindo como se as outras pessoas sempre estivessem prestando muita atenção a cada uma de suas palavras e ações. Ela havia esquecido que as pessoas podem ter muito mais em suas mentes do que a tarefa de analisá-la e julgá-la, da mesma forma que fazem muitas outras pessoas com fobia social. O novo pensamento mais adaptativo de Tracy foi: "Alguém poderia notar o meu nervosismo, mas provavelmente não notarão". Obviamente, este pensamento mais realista tornou mais fácil considerar a ida ao chá de bebê.

Será que Tracy também exagerava a gravidade das conseqüências da desaprovação? Este era um de seus pensamentos sobre este assunto: "Talvez haja apenas uma pequena probabilidade de que as outras pessoas me considerem tediosa ou fútil, ou de que notem minha ansiedade, mas se isto acontecer será insuportável". Tracy sentia que o mundo acabaria se os outros a desaprovassem. Para ela isto seria uma catástrofe absoluta que mereceria 90 na escala de gravidade. Ela sentia que criaria um desastre familiar se dissesse algo tedioso ou se os outros notassem e desaprovassem sua ansiedade. Em sua mente, seu relacionamento com sua irmã, o amor e a aprovação de seus pais, e até mesmo a saúde do bebê dependiam da sua habilidade de se sair bem numa situação social complicada. Não é surpreendente que percebesse a desaprovação dos outros como tão catastrófica, se você levar em conta algumas das crenças irreais de Tracy.

No processo de reavaliar esta expectativa, Tracy falou novamente com sua amiga, que não tinha a preocupação excessiva em ser aprovada pelos outros, e que sentia que qualquer reação negativa passaria rapidamente. Quando se lembrou das poucas vezes em que alguém a desaprovou, Tracy percebeu que foram situações desconfortáveis, mas não catastróficas, e temporárias, não permanentes. Ela também pôde ver que uma reação extrema de desaprovação não seria uma resposta apropriada a um comentário desinteressante ou a transpiração. Tracy também foi capaz de desafiar sua idéia de que seria uma coisa terrível se os outros a desaprovassem. "Posso aprender a viver com isto. As opiniões dos outros não mudarão quem eu sou." Ela alterou para 50% sua estimativa de gravidade das conseqüências da desaprovação.

Tracy começou a perceber que ninguém é amado universalmente. Por que ela deveria esperar ser a grande exceção a essa regra, e esperar que todos a amassem? Seus sentimentos eram positivos em relação a todas as pessoas que encontrava? Claro que não. As pessoas diferem de muitas formas; ela tendia a aproximar-se de algumas pessoas, e a sentir-se menos atraída por outras. Com freqüência, as razões para gostar ou não de alguém ligam-se muito mais ao próprio passado e às associações pessoais do que aos atributos, realizações ou comportamentos da outra pessoa. Em outras palavras, gostar ou não, aprovar ou desaprovar são um fenômeno amplamente pessoal e subjetivo.

"De qualquer modo, por que é essencial que todos gostem da gente?" "Você certamente não tem tempo de ser amiga de toda a população local. E, de qualquer modo, é praticamente impossível conseguir a aprovação de algumas pessoas por causa das características negativas *delas*. Algumas pessoas são insensíveis ou rudes e não aceitam os outros de modo geral (ou você pode lembrá-las de alguém com quem tiveram uma briga séria há dez anos). Não vale a pena perturbar-se se alguém franze o nariz para o seu comportamento, seu gosto, suas roupas, seu senso de humor: você nunca vai agradar a todos! Então, você bem que poderia agradar-se a si mesmo."

Cultivar algumas poucas amizades íntimas é o que torna a vida gratificante e plena para a maioria das pessoas, e não a adulação das massas. E é um fato verdadeiro. Até mesmo os seres humanos mais populares, brilhantes, efusivos, às vezes são rejeitados. É a vida. Os problemas surgem quando as pessoas dão importância excessiva às rejeições inevitáveis. A rejeição pode ser muito desconcertante. Pode ferir de verdade. Mas não vai devastá-lo. Não é realmente uma catástrofe, a menos que você a transforme em uma.

Levando tudo isso em conta, Tracy foi capaz de modificar suas expectativas daquilo que poderia acontecer no chá de bebê. Ela começou a reavaliar as suas crenças irreais a respeito da desaprovação em geral. Além disso, desenvolveu uma afirmação de convivência útil: "A maioria das pessoas aceitará que eu diga algo tedioso ou que mostre alguns sinais de ansiedade. E eu posso conviver com a desaprovação. Não é tão ruim assim".

Resumo

Neste capítulo, examinamos o papel dos pensamentos não-adaptativos e das crenças irreais no aparecimento e no aumento da ansiedade social. Descrevemos como alguém com uma fobia social exagera a probabilidade e a gravidade do perigo social, e como essas expectativas imprecisas levam ao medo. Além disso, lhe mostramos como identificar os seus pensamentos não-adaptativos, e como substituí-los por uma afirmação de convivência mais saudável. Também lhe demos um método para mudar suas velhas crenças e expectativas e ganhar uma nova perspectiva. Esses instrumentos, juntamente com as habilidades de respiração compassada que você aprendeu no Capítulo 5, o ajudarão a aprender a encarar o seu medo de desaprovação, nos próximos capítulos.

Leitura Recomendada

BURNS, D. *The Feeling Good Handbook.* Nova York, Williams Morrow & Company, 1989.

Parte IV

Encarando o seu medo de desaprovação

Explicaremos — na Parte IV — a principal técnica comportamental para combater a fobia social — a exposição. O Capítulo 7 define a exposição e explica as bases conceituais desta técnica; o Capítulo 8 o ajudará a relacionar as exposições específicas que você precisará fazer. O Capítulo 9 traz exemplos de caso do tratamento de exposição, e o Capítulo 10 as diretrizes para tornar essa técnica ainda mais efetiva.

7
Exposição: um método para encarar os seus medos

Até agora você se preparou para realmente realizar importantes mudanças de comportamento. Você planejou, definiu metas, aprendeu habilidades necessárias e começou a alterar os estilos doentios de pensamento. É o momento de agir!

Exposição — Como Ela Funciona a seu Favor

O instrumento básico que você usará ao agir contra os seus medos sociais é uma técnica chamada *exposição*. A palavra exposição refere-se simplesmente ao processo de encarar os seus medos, em vez de evitar as situações que os provocam. Se você for como a maioria das pessoas socialmente ansiosas, tornou-se um *expert* em evitar situações que trazem os sintomas de ansiedade. Ninguém gosta de se sentir perturbado e com medo. Então, naturalmente, as pessoas tendem a manter distância das interações que as deixam pouco à vontade. Você pode até mesmo evitar pensar sobre situações sociais difíceis.

É importante entender o princípio pelo qual a exposição funciona. Ou, então, você pode não seguir com o seu plano de recuperação. Você tem de acreditar que entrar deliberadamente em situações atemorizantes trará resultados, para conseguir fazê-lo.

Essencialmente, a exposição funciona de três modos. Primeiro, ela o ajuda a aprender que algumas ações não levarão à desaprovação, ou que quando a desaprovação acontecer não será uma catástrofe. Em outras palavras, a exposição permite que você ponha à prova as suas crenças incorretas e corrija-as. Segundo, exposições graduais e repetidas permitirão que você se acostume ou se *habitue* a interações que provocam ansiedade. Terceiro, exposições planejadas e executadas adequadamente aumentarão a sua confiança e o tornarão capaz de dar o próximo passo. Falaremos primeiro a respeito de colocar à prova as crenças não-adaptativas e corrigi-las.

COLOCANDO À PROVA AS CRENÇAS NÃO-ADAPTATIVAS

Quando você evita todas as interações que incluem falar em grupo, nunca aprenderá que pode passar por essas situações sem que haja terríveis conseqüências. Como dissemos nos capítulos anteriores, a fuga mantém as crenças não-adaptativas a respeito da probabilidade ou da gravidade dos "desastres" sociais que uma pessoa com medos sociais espera. Quando evita essas situações, você não tem a oportunidade de aprender que pode funcionar em situações sociais, melhor do que imaginaria, como muitas pessoas descobriram com a ajuda da exposição. Sem a exposição você continuará a acreditar que parecerá um tolo, que será criticado ou que as pessoas não gostarão de você. Do mesmo modo, a pessoa que teme comer em público e, sistematicamente, evita restaurantes e refeições em grupo, nunca tem a oportunidade de ver que pode terminar uma refeição sem que ocorra um incidente "desastroso". As expectativas catastróficas nunca serão postas à prova quando você evitar as situações amedrontadoras.

Você pode estar pensando: "Mas não há garantias de que eu possa encarar meus medos sem que aconteça um desastre". Isto certamente é verdade. Se você teve um acontecimento social traumático no passado, será especialmente difícil encarar situações em que você perceba um risco de ter uma experiência desagradável. Contudo, em nossa experiência clínica, a grande maioria das exposições resulta em aprendizagem positiva. (Claro que um planejamento adequado e o treino de habilidades são essenciais para alcançar esses resultados positivos.) Com freqüência, as pessoas são agradavelmente surpreendidas, e às vezes ficam até chocadas ao descobrir que, afinal, uma situação que temeram por anos não era tão difícil assim. Além do mais, há um alívio na ação ao fazer algo de positivo para ajudar a si mesmo. Agir o ajuda a sentir-se mais forte, com mais controle, e, finalmente, menos amedrontado.

A maioria das exposições é desconfortável. Freqüentemente provocam ansiedade. Na verdade, elas devem fazê-lo — pois você não pode aprender a lidar com a ansiedade a menos que a experiencie. Além disso, você aprenderá que a ansiedade não pode lhe causar dano, e que os sintomas do nervosismo, com certeza, passarão. Você pode agüentar um desconforto temporário quando ele tem um objetivo. Você pode descobrir que, com o tempo, poderá ficar muito mais à vontade em situações sociais do que jamais acreditou ser possível.

HABITUAÇÃO — COMO O SEU CORPO SE ACALMA

Além de lhe mostrar que os seus medos não têm bases ou são muito exagerados, a exposição o ajuda de uma outra forma. Com as exposições repetidas e executadas de modo correto, seu corpo começará a reagir mais calmamente a uma situação que costumava deixá-lo nervoso. Isso acontece naturalmente (em algum grau) com a repetição. Nós a chamamos de *habituação*. Habituação quer dizer tornar-se acostumado com algumas coisas que anteriormente lhe causavam medo. Vamos dar um exemplo para deixar mais claro: você consegue lembrar-se de um momento em que tenha ficado sobressaltado com um barulho alto e inesperado? Talvez uma britadeira ou outra ferramenta barulhenta estivesse sendo usada na rua de seu escritório, que normalmente era silenciosa. Seu corpo e sua mente reagiram ao barulho. Imediatamente, seu batimento cardíaco aumentou, os músculos se tensionaram, sua respiração tornou-se mais rápida e superficial. Você se perguntou o que estava acontecendo.

Se o barulho tornar-se regular e repetido, e você souber o que é e quando acontecerá, certamente seu corpo e sua mente deixarão de responder com tanta força, mesmo que o barulho continue a incomodá-lo. Do mesmo modo, as interações sociais podem perder o poder de desencadear uma forte resposta de ansiedade, desde que se tornem uma experiência mais familiar e menos ameaçadora.

AUMENTO DE CONFIANÇA

Há um terceiro resultado positivo das exposições. Quando você encara os seus medos e faz aquilo que precisa ser feito, sua confiança aumenta. Você constrói um conjunto de experiências bem-sucedidas nais quais pode basear-se para inspirar-se e acalmar-se. E assim terá mais facilidade para encarar os seus medos da próxima vez.

TIPOS DE EXPOSIÇÃO

Você pode estar pensando: "Como posso simplesmente mergulhar numa situação que tenho evitado por tanto tempo? Não há um modo de facilitar as exposições?". A resposta é sim. É provável que você tenha dúvidas e esteja assustado ao pensar em encarar os seus medos. Mas fique tranqüilo: nas próximas páginas nós o ajudaremos a planejar cuidadosamente esses desafios, e lhe daremos os instrumentos necessários. As estratégias e os métodos cognitivos para reduzir os sintomas fisiológicos são muito úteis na realização das exposições. Acima de tudo, recomendamos uma aproximação gradual que torna a exposição menos ameaçadora. Nós lhe mostraremos como trabalhar na di-reção de sua meta, com passos sob medida.

Há dois tipos de exposição: a vida real ou a exposição *ao vivo*, e um tipo intermediário que chamamos de exposição *imaginária*. Na exposição *ao vivo* a pessoa socialmente ansiosa se aproxima da situação temida, na vida real. Ela entra num banheiro público, dá uma palestra, come num restaurante ou conversa com um colega de trabalho que normalmente é evitado. Esses passos são essenciais e inevitáveis para superar os medos sociais.

A exposição *imaginária* é aquilo que o próprio nome diz — você encara os seus medos ao imaginar as interações sociais que evita ou teme. Esse tipo de exposição pode ser usado para ajudá-lo a preparar-se para exposições *ao vivo*; mas há também outros usos importantes para a exposição imaginária. Ela é especialmente eficaz se você tem pensamentos assustadores muito vívidos, ou se o seu medo é tão grande que a exposição *ao vivo* parece ser demais para você. Nos próximos capítulos nós lhe mostraremos como integrar a exposição imaginária no seu plano de recuperação.

Resumo

A técnica básica que você usará para superar o seu medo de desaprovação é chamada de exposição. A exposição é um processo para encarar os seus medos. Ela funciona ao provar que as crenças não-adaptativas sobre os desastres sociais são falsas, ajudando seu corpo a tornar-se menos reativo às situações sociais, e aumentando sua confiança para os futuros encontros sociais. Há dois tipos básicos de exposição — *ao vivo* (direta) e *imaginária*. Agora que você entendeu como esta técnica funciona, está pronto para criar os seus próprios passos de exposição.

8

Ordenando os seus medos: criando uma hierarquia de exposição

Nos capítulos anteriores pedimos que você examinasse detalhadamente suas metas e objetivos, e seus medos sociais. Além disso, você adquiriu algumas habilidades concretas e técnicas que pode usar para lidar com sua ansiedade. Você aprendeu a respeito da exposição, do trabalho real de encarar uma situação social temida e que anteriormente era evitada. O próximo passo é fazer uma lista detalhada de todas as situações que você associa com o medo da desaprovação e ordená-las de acordo com o grau de ansiedade que cada uma delas provoca, o que chamamos de *hierarquia de exposição*.

Redigindo os Itens da Hierarquia

Completar sua hierarquia é uma tarefa quase interminável. O melhor modo de começar é voltar à sua meta e à sua lista de objetivos no Capítulo 3. Verifique os objetivos que você escreveu e pense em exemplos específicos para cada um deles. Em que situações específicas você quer entrar? O que quer fazer quando chegar lá? Os objetivos são redigidos em termos gerais, que permitem que você saiba quando atingiu sua meta; os itens da hierarquia são muito mais concretos e detalhados, e descrevem comportamentos específicos em situações específicas. Cada descrição deve ser detalhada, de forma que se você tivesse de tentar uma exposição agora, soubesse exatamente onde ir, o que fazer, com quem interagir, e assim por diante.

Vamos usar novamente o exemplo de Tom para ver como isto funciona. Um de seus objetivos era: *aceitarei convites para participar de pro-*

gramas de educação pública. Para redigir sua hierarquia, Tom precisa pensar em exemplos específicos do tipo de palestras que ele quer ser capaz de dar. Isto foi relativamente fácil para ele. Tudo o que teve de fazer foi pensar no passado, em todas as vezes que havia sido convidado para dar palestras, mas recusou por causa de sua fobia social. E quando Tom ampliou seu objetivo para redigir sua hierarquia de exposição, ficou assim:

- falar para a classe da quinta série da Escola St. William, sobre prevenção ao crime, por aproximadamente trinta minutos;
- falar para a classe da segunda série do segundo grau, do Colégio Southwest, sobre drogas e gangues, por aproximadamente trinta minutos;
- falar para crianças, no Parque Northwest, sobre segurança no trânsito, durante toda a tarde de sábado;
- aceitar o convite da estação local de TV, para uma entrevista ao vivo, a respeito do aumento da criminalidade na comunidade.

Você percebe como estes são exemplos muito específicos do seu objetivo mais geral?

Agora, escreva a sua própria hierarquia de itens, na próxima página. Use outra folha de papel se precisar. Não se censure nem hesite em anotar quaisquer idéias que venham à sua mente. Talvez neste momento lhe pareça completamente impossível vir a dominar algumas dessas situações, mas escreva-as assim mesmo. Não estamos lhe pedindo que escreva aquilo que você tem certeza que conseguirá aprender a fazer, mas aquilo que você realmente *quer* fazer. Com base em nossa experiência, podemos afirmar que as pessoas podem superar medos sociais dos quais tinham certeza de que nunca se livrariam. Por exemplo, o pensamento de falar diante de uma câmera de televisão horrorizava Tom, mas mesmo assim ele incluiu a entrevista ao vivo em sua lista.

Note que cada um dos itens na hierarquia de Tom causará um nível diferente de ansiedade. Falar para um grupo de estudantes da quinta série parece muito mais possível para ele do que falar para a TV. Neste ponto não se preocupe em definir exatamente quanta ansiedade cada uma das exposições provocaria. Apenas faça uma lista de todos os possíveis exemplos de exposição que se ligam a seus objetivos. Na próxima parte, examinaremos a tarefa de ordenar as situações que você teme, segundo o grau de ansiedade que elas evocam. Mas agora concentre-se simplesmente em elaborar uma lista completa de idéias de exposição para cada um dos objetivos que você definiu no Capítulo 3.

É claro que o tamanho da lista irá variar de acordo com a extensão de seus medos sociais e daquilo que você evita. Uma pessoa pode ter cinco situações com as quais trabalhar, outra poderá ter cinqüenta. Não desanime se estiver mais próximo de cinqüenta do que de cinco. Pode demorar um pouco para que você atinja sua meta, mas vimos muitas pessoas com um alto nível de fuga que foram tão longe quanto aqueles que estavam muito menos intimidados no início do tratamento.

ITENS PARA INCLUIR EM MINHA HIERARQUIA

_____
_____
_____
_____
_____
_____
_____
_____
_____
_____
_____
_____

CRIANDO UMA HIERARQUIA DE EXPOSIÇÃO

Agora que você já tem uma lista com diversos itens para cada objetivo que você definiu no Capítulo 3, você está pronto para criar sua hierarquia real. Para isto, precisará ordenar os itens de acordo com seu grau de ansiedade. É importante reconhecer desde o início quanto cada exposição pode ser desafiadora, e dar-se o tempo suficiente para fazer esta tarefa. Você precisa ordenar no tempo cada situação específica da hierarquia, e só encarar cada uma quando estiver pronto. Este ponto a respeito do momento correto para cada exposição será discutido mais detalhadamente nos próximos capítulos. Neste momento, você precisa apenas preparar a sua hierarquia relendo sua lista de situações, e colocando cada uma no nível de dificuldade que ela tem para você.

Como você determina o nível de dificuldade? Lembre-se da escala de graus de ansiedade, de 0-10, que foi vista pela primeira vez no Capítulo 5. Nessa escala, 0 representa nenhum desconforto, e 10 representa a pior ansiedade que você já teve. Você usará novamente esta escala para avaliar e ordenar os itens de sua hierarquia. Descobrimos que muitas vezes é difícil chegar a um número exato para cada item; assim, sugerimos uma pequena adaptação da escala para esta tarefa. Você precisará avaliar se cada item é um desafio baixo, médio ou alto. Uma exposição de desafio baixo traria um nível de ansiedade entre 0 e 3, uma exposição de nível médio traria uma ansiedade entre 4 e 7, e uma exposição de alto nível de desafio elevaria sua ansiedade entre 8 e 10.

Vamos examinar um exemplo antes de continuar. Janice tinha diversos itens em sua lista de hierarquia referentes a um de seus objetivos: "Eu irei a festas". Esses itens da hierarquia incluíam as seguintes situações:

- ir ao chá de cozinha de minha prima e conversar com pelo menos duas outras convidadas;
- ir à festa dos meus vizinhos e ficar meia hora;
- ir à festa de Natal do escritório, sem meu marido, e ficar duas horas.

Agora ela precisa classificar essas situações como exposição de baixo, médio ou alto desafio. Janice sentia que ir ao chá de cozinha da prima seria suportável. Ela era íntima de sua prima e conhecia outras convidadas. Ela estimou que o seu nível de ansiedade provavelmente não seria maior que 3, e assim classificou esta situação como uma exposição de baixo desafio. Já a festa dos vizinhos parecia bastante ameaçadora. Ela não conhecia bem nenhum deles, e não tinha certeza de que assunto poderia conversar com eles. Ela previu que seu nível de ansiedade estaria entre 8 e 9 nessa festa, e classificou-a como uma exposição de alto desafio. A festa de Natal estava entre estes dois extremos. Ela conhecia bem os seus colegas de trabalho, o que tornava as coisas um pouco mais fáceis, mas seu marido não estaria lá. Ela não estava certa de qual seria seu nível de ansiedade, mas previu que seria melhor considerar esta festa como uma exposição de desafio médio.

É claro que a sua experiência na situação real pode ser bastante diferente, mas quase todas as pessoas têm uma sensação geral de que tipo de situações serão mais difíceis ou mais fáceis. E você sempre pode corrigir as suas avaliações se desconfiar que sua expectativa inicial estava errada. A hierarquia não é uma coisa que deva ser escrita de uma vez por todas. Ao contrário, é uma lista flexível que você pode alterar à medida que se movimenta na direção de sua meta.

Use o formulário a seguir para fazer o primeiro esboço de sua hierarquia. Escreva a lápis, de modo que seja fácil fazer as mudanças necessárias. Aproveite também os exemplos a seguir.

HIERARQUIA DE EXPOSIÇÃO

Exposições de Desafio Baixo: Nível de Ansiedade 0-3

Exposições de Desafio Médio: Nível de Ansiedade 4-7

Exposições de Desafio Alto: Nível de Ansiedade 8-10

ALGUNS EXEMPLOS DE HIERARQUIA

Vamos examinar detalhadamente alguns exemplos para ajudá-lo a criar sua própria hierarquia. Brenda, 24 anos, secretária-executiva de uma construtora, normalmente se sentia à vontade em diversas situações sociais. Seu trabalho exigia que falasse ao telefone, cumprimentasse as pessoas que entravam na sala, e ela iniciava facilmente uma conversa amigável. Brenda tinha muitos amigos e, de vez em quando, tinha encontros com rapazes. Sua fobia social estava limitada a situações muito específicas que incluíam comer ou beber diante de outras pessoas. Ela evitava a todo custo essas situações, e isto estava começando a limitar sua vida social. Era difícil explicar aos seus amigos, e ainda mais difícil explicar a um rapaz, por que ela não iria comer em nenhum lugar. As pessoas não entendiam e achavam que ela não estava interessada nelas. A fobia também a atrapalhava no trabalho, pois ela perdia todo o relacionamento que se dava naturalmente durante a hora de almoço e nos intervalos para o café.

Como você pode imaginar, Brenda queria muito superar sua fobia para que pudesse começar a ter uma vida social mais plena. Vamos examinar a sua meta inicial de recuperação e os seus objetivos, e ver como ela os ampliou em sua hierarquia.

Meta:
Quero comer e beber confortavelmente em situações públicas.

Objetivos:

- serei capaz de comer e beber em restaurantes;
- serei capaz de comer e beber com meus colegas de trabalho;
- poderei convidar outras pessoas para uma refeição em meu apartamento.

A HIERARQUIA DE EXPOSIÇÃO DE BRENDA

Exposições de Baixo Desafio: Nível de Ansiedade 0-3

Tomar uma xícara de café e comer um biscoito, com um colega de trabalho.
Comer pizza com alguns amigos em meu apartamento.
Ir tomar um lanche depois do cinema com algumas amigas.

Exposições de Desafio Médio: Nível da Ansiedade 4-7

Almoçar num restaurante, com amigas.
Almoçar na copa do escritório, com colegas de trabalho.
Ir ao restaurante *Houlihan* depois do trabalho, e ser capaz de comer e beber com amigos.
Jantar com um rapaz, num restaurante simples, como o *Two Nice Guys*.

Exposições de Desafio Alto: Nível de Ansiedade 8-10

Jantar num restaurante sofisticado e caro, como o *Ritz Carlton*, com meu chefe e outros colegas de trabalho, na cerimônia anual e premiação dos melhores funcionários.
Ir ao jantar de recepção do casamento de Sarah.
Aceitar o convite para um jantar comemorativo com membros distantes da família.
Jantar com um rapaz, num bom restaurante, como o *Chez Louis*.

Você se lembra de Tom? Vamos examinar sua hierarquia de exposição.

A HIERARQUIA DE EXPOSIÇÃO DE TOM

Exposições de Baixo Desafio: Nível de Ansiedade 0-3

Falar para a classe da quinta série na Escola St. William, sobre prevenção ao crime, por trinta minutos.
Dar graças na noite de sexta feira, diante da família.
Falar para crianças, no Parque Northwest, sobre segurança no trânsito, no sábado à tarde.
Fazer perguntas na reunião do departamento.
Fazer comentários na reunião do departamento.
Cumprimentar as pessoas na porta da igreja e entregar os jornais da igreja, no culto das 9 horas.

Exposições de Desafio Médio: Nível de Ansiedade 4-7

Dar uma palestra para os alunos da segunda série do segundo grau do Colégio Southwest, sobre drogas e gangues, por uma hora.
Dar graças na reunião familiar na casa do tio Bob, com aproximadamente dez familiares presentes.
Ler um anúncio curto na igreja, no culto das 10h30.
Dar uma opinião na reunião do departamento.

Exposições de Desafio Alto: Nível de Ansiedade 7-10

Falar ao vivo para a TV sobre o aumento da criminalidade.
Dar graças numa grande reunião familiar incluindo parentes distantes de todo o país.
Fazer uma das leituras das escrituras, na igreja, no culto das 10h30.
Fazer uma palestra para colegas policiais sobre a crise da administração.

Resumo

Neste capítulo nós o conduzimos pelo processo de criação de sua própria hierarquia pessoal de exposição. Os itens da hierarquia são ações detalhadas e específicas, baseadas nos objetivos que você definiu no Capítulo 3. O primeiro passo para criar sua hierarquia é escrever uma lista de situações sociais que você quer dominar e, então, classificá-las em três categorias básicas, dependendo de quanta ansiedade elas provocam. No próximo capítulo você aprenderá o processo real de realização das suas exposições.

9

Realizando Suas Exposições

Neste capítulo discutiremos os três modos pelos quais a exposição funciona: ao provar o engano das crenças incorretas, ao permitir que seu corpo se habitue às interações que provocam ansiedade, e ao aumentar sua confiança. Já mencionamos os dois tipos básicos de exposição, *ao vivo* e imaginária, e lhe mostramos como ordenar as situações que você teme e criar uma hierarquia de exposições. Agora o levaremos, passo a passo, ao processo de superar os seus medos sociais.

Pode ser difícil saber que tipo de exposição fazer primeiro. Este capítulo o ajudará a decidir por onde começar e como continuar. Você precisará ter a sua hierarquia completa em mãos para seguir este capítulo. Para começar, releia sua lista de exposições de baixo desafio e escolha uma com que trabalhará os seis passos delineados a seguir. Lembre-se: é importante começar com um item de desafio baixo. Depois você poderá trabalhar com situações mais difíceis. Novamente, usaremos o exemplo de Tom para ilustrar como tudo isso se encaixa.

Passo 1: Exposição Imaginária

O ponto exato para começar é encarar os medos sociais na imaginação. Para muitos de vocês, começar por uma exposição real, *ao vivo*, seria difícil demais. A exposição imaginária ajuda a prepará-lo para o próximo passo, que é o de experienciar as suas exposições em situações de vida real. Se você sente que é capaz de começar diretamente com exposições *ao vivo*, vá para o passo 2, descrito a seguir. Você não precisa começar com a exposição imaginária, mas não há mal nenhum em dar-se um tempo e alguma prática com o princípio da exposição antes de mergulhar numa experiência *ao vivo*.

Primeiro leia este item inteiro antes de iniciar sua exposição. Você vai precisar de um lugar tranqüilo, onde não seja perturbado. Sente-se em uma cadeira confortável e feche seus olhos. Use suas habilidades de respiração compassada, ou outra técnica que funcione para você, e relaxe por alguns minutos. Então, lembre-se do item que você escolheu, na parte de desafio baixo de sua hierarquia, e imagine-se entrando nessa situação. Tente criar a situação tão nitidamente quanto possível, usando muitos detalhes. Inclua todos os seus sentidos. O que você está vestindo? O ambiente está quente, frio, úmido, abafado? Qual é a temperatura do ar? Você está suando? Você consegue respirar livremente? Quais os sons que você ouve? Você consegue ouvir o tráfego, o ruído de máquinas copiadoras, os sons das pessoas murmurando, o farfalhar de tecidos, o barulho de um bebedouro? Você pode ouvir a batida de seu coração? Você sente o cheiro de cigarro, desinfetante, ou outro cheiro? Talvez você possa sentir o perfume de alguém, o cheiro do carpete novo ou o cheiro de suor. Qual a sensação de suas roupas em seu corpo? De que material são os móveis? Se você está sentado, qual é a textura do móvel sobre o qual está sentado? Como é o chão sob seus pés? É acarpetado? É de madeira, mármore, linóleo, cimento? Ou você está ao ar livre, num gramado? Se você vai beber, qual é a temperatura do líquido? Sua boca está seca? Você sente o cheiro de salgadinhos? Crie todos os detalhes que conseguir sobre as pessoas à sua volta, sobre as roupas que estão usando, sobre a postura delas, sobre a expressão delas e sobre a sutileza da linguagem corporal.

Além de incluir uma grande quantidade de detalhes, usando todos os seus sentidos, uma exposição imaginária também deve contar uma história. Você deve incluir um início (as ações que levaram à situação social temida), um meio (a situação social propriamente dita), e um fim (quaisquer pensamentos, sentimentos ou acontecimentos que se seguiram à situação). Uma opção em qualquer tipo de trabalho imaginário é gravar a sua descrição da cena — assim você poderá ouvi-la várias vezes. Algumas pessoas tomam algumas notas, ou até mesmo escrevem todo o *script* antes de gravar a fita. Outras são capaz de imaginar facilmente a cena, sem esse trabalho preliminar.

Sua ansiedade vai aumentar à medida que você imaginar a cena completa e em detalhes. Isto é normal, e necessário para que a exposição funcione. Tenha consciência de que vai se sentir desconfortável, mas que o desconforto passará em pouco tempo. Tipicamente, sua ansiedade atingirá um nível moderado, e então diminuirá. Se atingir um nível insuportável, use as habilidades que você já aprendeu, como a da respiração compassada ou das afirmações de convivência para acalmar-se. Mas lembre-se: a sensação de ansiedade não vai prejudicá-lo, mesmo que não seja nada agradável. Talvez você deva escolher um item mais fácil para começar sua prática imaginária e passar para cenas mais difíceis quando estiver pronto. A idéia básica é continuar imaginando a cena, focalizando as partes especialmente difíceis, até que o seu nível de ansiedade diminua de modo perceptível. É importante não tirar a atenção da cena antes que seu estado de espírito esteja melhor; você precisa aprender que suportar a imagem levará a um alívio certo. O que se espera que aconteça é que o seu nível de ansiedade diminua gradualmente, cada vez que imaginar a cena. Uma orientação geral é repetir a cena (ou a fita) tantas vezes quantas forem necessárias para que o seu nível de ansiedade caia para 3 ou menos.

Faça um registro de todas as suas sessões de exposição imaginária, usando o formulário da página 119. Anote a data, o horário e a exposição que você está fazendo (por exemplo, fazendo um comentário numa reunião), e registre o seu nível de ansiedade na outra coluna. Anote também qualquer pensamento ansioso que estiver tendo durante a sua exposição. Assim, depois você poderá usar suas habilidades cognitivas para refutar os seus pensamentos não-adaptativos, conforme foi descrito no Capítulo 6.

Vamos ver o que Tom fez neste passo. O item de baixo desafio que ele escolheu foi fazer um pequeno comentário durante uma reunião do departamento. Tom havia passado anos indo a reuniões sem sequer emitir um som. Com freqüência, tinha opiniões sobre os tópicos que estavam sendo discutidos, mas era incapaz de dizer o que pensava. Para realizar o seu primeiro passo, ele seguiu os procedimentos que acabamos de descrever — embora encontrar um lugar tranqüilo numa casa com três crianças e um cachorro fosse um desafio e tanto!

Tom imaginou detalhadamente a sala onde sempre eram realizadas as reuniões de departamento. Ele imaginou os seus colegas policiais e visualizou os lugares em que as pessoas costumavam sentar-se, o relógio na parede, a janela que dava para o outro prédio. Imaginou o odor acre da fumaça de charuto que sempre sentia naquela sala, ouviu o toque dos telefones e o murmúrio das vozes na sala principal da delegacia. Tom também imaginou como se sentiria, sabendo que ia fazer um comentário durante a reunião. Ele se concentrou em como seu coração bateria rapidamente e em perceber que poderia suar um pouco, especialmente· no momento em que fosse falar. Ele imaginou como se sentiria assustado e como poderia até mesmo querer voltar atrás e não dizer nada. Tom imaginou que estava fazendo o comentário. Ele não diria nada espetacular ou controvertido, apenas faria um comentário neutro, que passaria sem nenhuma discussão. Em sua cena imaginária, até mesmo gaguejou um pouco, mas continuou. Seus colegas oficiais não ficaram chocados ao ouvi-lo falar; até pareceram interessados. Antes de passar para o próximo passo, Tom imaginou sistematicamente esta cena, até poder fazê-la com o mínimo de ansiedade.

O princípio da habituação — mesmo quando experienciado apenas na imaginação — permitiu que Tom reduzisse os seus sintomas incômodos de fobia social. Ele começou a acostumar-se com uma situação que, no passado, evitava até mesmo em pensamento. Agora que já conseguia encarar esta situação temida, em sua mente, ele estava pronto para usar as mesmas técnicas de exposição na vida real.

Passo 2: Exposição ao Vivo

Depois de ter dominado o seu medo na imaginação, você está pronto para encarar a situação social temida na vida real. Pode ser difícil fazer a sua primeira exposição *ao vivo* — mas não dê as costas agora! As recompensas valem o esforço!

Na maioria dos casos, as orientações para as exposições *ao vivo* são iguais às usadas para a exposição imaginária. Por exemplo, neste passo Tom fez um comentário durante uma reunião real do departamento. Outras situações podem não ser conseguidas, especialmente aquelas que são acontecimentos únicos (um teste para uma peça específica, uma festa de aniversário, uma entrevista de emprego). Nesses casos, você terá de ensaiar em sua imaginação até que o acontecimento real aconteça, ou pode adaptar a exposição para um acontecimento similar (outro teste, outra festa, uma entrevista para um emprego que você realmente não quer).

Ao realizar este passo, siga as instruções abaixo.

- Use o mesmo item de baixo desafio que você usou para a exposição imaginária.
- Vá para a situação e realize a exposição (por exemplo, vá a um encontro, coma num restaurante, faça um comentário numa reunião).

REGISTRO SEMANAL DE EXPOSIÇÕES

Dia e horário	Situação/ Exposição	Nível de ansiedade (0-10)	Pensamentos ansiosos durante a exposição	Desafios ou afirmações de convivência para substituir os pensamentos ansiosos

- Sua ansiedade poderá atingir um nível moderado. Este é um sinal de que a exposição está funcionando. Permita-se sentir a ansiedade e perceba que ela não vai lhe fazer mal, que você pode agüentá-la.
- Você pode usar a respiração profunda e as habilidades cognitivas para manter sua ansiedade sob controle. Mas lembre-se: você não deve ter a expectativa de que a ansiedade seja eliminada.
- Se você descobrir que o seu nível de ansiedade é maior do que o que imaginou quando estabeleceu a hierarquia e sentir que as coisas estão ficando fora de controle, então poderá sair da situação. Talvez você precise trabalhar primeiro com um item mais fácil. Volte à situação mais difícil assim que se sentir pronto.
- Mantenha um registro de suas sessões de exposição. Esteja especialmente atento a seus pensamentos não-adaptativos durante as exposições e tenha o cuidado de elaborar formas alternativas de pensar.

Vamos ver o que aconteceu com Tom quando ele realizou a sua exposição na vida real. Na manhã da reunião do departamento, sua ansiedade estava mais elevada do que o normal, pois ele estava antecipando a exposição e sabia que deveria esperar por isso. Ele sabia que pensar em falar numa reunião do departamento era uma experiência nova, e não se sentiu desencorajado por um pequeno desconforto no estômago. Ele fez alguns intervalos durante o trabalho da manhã para praticar a respiração profunda. Isto o ajudou a ficar mais calmo. Ele notou que sua mente estava tentando imaginar como seria a reunião e dizia a si mesmo que o que quer que acontecesse seria uma experiência de aprendizagem, e que ele deveria sentir-se orgulhoso por tentar.

A reunião teve início. Tom dirigiu-se para a sala e sentou-se em seu lugar habitual. Ele ficou um pouco desconcertado, pois nem todas as pessoas sentaram-se onde ele havia imaginado. (Esta é uma das razões pelas quais as exposições *ao vivo* podem ser um pouco mais difíceis — você não tem o mesmo controle que tem em sua imaginação.) A reunião começou e diversos tópicos foram discutidos. Tom continuou deixando passar oportunidades de falar, esperando pela hora "perfeita". Como já havia imaginado, passou pela sua mente a possibilidade de desistir e não dizer nada. Em sua imaginação ele já havia superado este pensamento, e isto o ajudou. Ele havia aprendido que estava tudo bem em pensar em desistir, mas isso não significava que ele tinha de realizar o pensamento. O coração de Tom estava disparado e ele sentiu que estava ficando vermelho, mas escolheu o seu momento de falar e foi em frente. Na verdade, quando começou a falar, parou de prestar atenção a seu coração, e disse algumas frases. Alguém ficou muito interessado no que tinha dito e lhe fez uma pergunta. Mesmo que isto fosse algo que ele não tivesse planejado, Tom foi capaz de responder. Nem é necessário dizer que quando a reunião terminou Tom estava se sentindo orgulhoso e realizado.

Passo 3: Aumentando o Risco de Desaprovação na Imaginação

Tom já percorreu um longo caminho para superar sua fobia. No entanto, ainda há coisas que ele precisa fazer para se recuperar completamente. Lembre-se de que, no fundo, a fobia social é o medo da desaprovação. Para realmente superar sua fobia, Tom precisa colocar-se numa posição de maior risco de desaprovação.

Tom aprendeu até agora que não é tão provável que ele cometa um erro como pensava antes. Contudo, ele ainda tem medo de cometer um erro e receber a desaprovação dos outros. Mesmo pequenos enganos podem ser muito perturbadores para as pessoas com fobias sociais, que freqüentemente são "perfeccionistas". E se Tom continuar a falar nas reuniões, mas sentir que só pode dizer coisas que tenha ensaiado antes, de modo que ele as diga "perfeitamente"? Embora esta situação seja um progresso em relação a não dizer nenhuma palavra, ela não seria muito confortável para Tom, e ele não teria superado ainda sua fobia. Tom precisa aprender que os erros não levam normalmente à desaprovação que ele tanto teme, e que, quando houver desaprovação, poderá conviver com ela.

Assim, as duas próximas seções incluem a prática de cometer erros de propósito — primeiro em sua imaginação, e depois na vida real. Não precisam ser grandes erros. Na verdade, você gostará de começar com o menor engano que puder imaginar, e ir aos poucos chegando aos maiores erros. É bom tentar cometer um erro que você realmente tema cometer, algo que seja relevante para a situação com a qual tem trabalhado. Contudo, para muitas pessoas com medos sociais generalizados, é útil praticar qualquer tipo de engano. A seguir você encontrará uma lista dos "erros" sociais mais comuns. Mas use sua criatividade e inclua os erros que são especialmente ameaçadores para você!

Tom decidiu que um bom erro, relacionado a falar nas reuniões do departamento, seria esquecer-se do que estava dizendo diante das outras pessoas. Na verdade, este era um de seus medos. Tom praticou esta situação em sua imaginação até poder fazê-la com o mínimo de ansiedade. Ele se imaginou falando durante uma reunião e, de repente, dizendo: "Desculpem-me. Esqueci o que ia dizer. Provavelmente, eu me lembrarei mais tarde".

Em sua cena imaginária, alguém fazia uma piada com isso, mas Tom era capaz de rir junto com os outros, despreocupadamente. Foram necessárias algumas repetições desta cena para que seu corpo se habituasse aos sintomas de ansiedade, e para que se sentisse suficientemente confiante para cometer este erro numa situação de vida real.

LISTA DE PRÁTICA INTENCIONAL DE ERROS

1. Tropeçar na frente de alguém.
2. Dar a quantia errada na hora de fazer um pagamento.
3. Deixar cair alguma coisa (por exemplo, um garfo, uma moeda, os óculos) na frente dos outros.
4. Pedir algo que não consta do menu.
5. Chamar alguém pelo nome errado.
6. Perguntar como chegar a um lugar, uma loja ou um departamento, onde você já está ou do qual está muito próximo.
7. Deixar que sua mão trema, quando for pagar algo.
8. Levar peças além do permitido para experimentar no provador de uma loja de roupas.
9. Pedir ao vendedor de sapatos um número pequeno demais para o seu pé.
10. Deixar que algum aspecto de sua roupa esteja desapropriado, como uma etiqueta aparecendo, a barra da camisa aparecendo, meias diferentes, roupas descombinadas ou botões abertos (se você for realmente corajoso!).
11. Pedir algo que, obviamente, não é vendido na loja em que você está.
12. Pedir informação a alguém que, obviamente, é um cliente, como se ele trabalhasse na loja.
13. Solicitar uma informação e depois pedir para a pessoa repetir.
14. Fazer uma pergunta a alguém, gaguejando ou usando um tom de voz incomum.
15. Pedir a alguém para não fumar, mesmo que você esteja na área de fumantes.
16. Chegar atrasado de propósito a um compromisso.

17. Tentar comprar algo sem ter dinheiro suficiente, ou sem ter cheque ou cartão de crédito.
18. Comprar algo numa loja de departamentos e então dar o cartão de crédito errado.
19. Chegar perto e quase entrar no banheiro do sexo oposto.
20. Murmurar ou cantar tão alto que os outros possam ouvi-lo.
21. Pedir algo e mudar de idéia pelo menos duas vezes.
22. Cumprimentar ou dizer algo a alguém do outro lado da sala, num tom de voz que possa ser ouvido pelas outras pessoas.
23. Entrar de forma errada por uma porta (puxar quando for para empurrar ou vice-versa); empurrar uma porta que esteja trancada, tentar abrir a porta para o lado errado etc.
24. Comprar algo que você normalmente ficaria envergonhado em comprar.
25. Andar contra o fluxo de pessoas, parar subitamente, ou chamar a atenção para si mesmo, de alguma outra forma, enquanto estiver andando.
26. Pedir para ser anunciado num serviço de alto-falantes.
27. Bater contra alguma coisa.
28. Contar para o empregado de uma loja que você perdeu algo e perguntar se foi encontrado.
29. Chamar um menino de "ela" (ou vice-versa), quando estiver falando com os pais.

Passo 4: Aumentando o Risco de Desaprovação na Vida Real

Agora você está pronto para cometer o mesmo "erro", mas desta vez na vida real.

Este passo permitirá que você teste as suas crenças a respeito daquilo que realmente acontece se comete um erro. Você pode ficar espantado ao descobrir que cometer um erro não é tudo aquilo que temia. Foi isso, exatamente, o que aconteceu com Tom.

Tom havia-se adiantado bastante na prática imaginária de erros, e logo estava pronto para praticar o erro numa reunião real de departamento. A exposição *ao vivo* aconteceu de forma muito semelhante à que ele havia imaginado. Ele sentiu o nervosismo habitual antes da reunião, e sabia que isto era esperado, especialmente porque ia experienciar pela primeira vez um novo tipo de exposição. A sensação em seu estômago não era tão intensa como costumava ser, e isto era bom. Como da vez anterior, seus batimentos cardíacos aumentaram, ele começou a transpirar, enquanto esperava para cometer o seu engano. No entanto, estava começando a imaginar se alguém havia notado realmente. Ele também estava aprendendo que quando reconhecia esses sintomas, mas não se focalizava exclusivamente neles, eles costumavam diminuir.

E num momento da reunião, Tom decidiu fazer o seu movimento. Começou a falar, ficou um pouco confuso, e disse: "Desculpem-me, acho que esqueci o que eu ia dizer". Alguns dos oficiais riram por alguns segundos, e brincaram naturalmente com Tom sobre a hora em que ele tinha ido dormir na noite anterior. Embora ainda se sentisse um pouco ansioso, ele foi capaz de perceber que seu "erro" não tinha sido realmente um grande problema. A reunião continuou e, na verdade, ele teve oportunidade de concluir seu pensamento. Ele ficou surpreso ao ver que nada fora comentado sobre o incidente do esquecimento.

Passo 5: Lidando com a Desaprovação na Imaginação

Há outra habilidade que você pode aprender para ajudá-lo a ir mais longe a fim de superar seus medos sociais. Assim como Tom, talvez você tenha aprendido que os erros não acontecem com tanta freqüência, nem causam tanta desaprovação como pensava. Contudo, você ainda não tem a certeza de poder lidar com a desaprovação quando ela acontecer. (Mais cedo ou mais tarde, ela acontecerá.) Você não deveria passar pela vida intimidado com a possibilidade da ocorrência de desaprovação. Portanto, os dois próximos itens incluem habilidades que o ajudarão a ganhar confiança para conviver com a crítica e a rejeição. Primeiro, você aprenderá a encarar a desaprovação dos outros em sua imaginação — semelhante à exposição imaginária.

Agora, você pode estar pensando: "por que eu iria querer me ocupar com os pensamentos que me assustam tanto e impedem que me aproxime das situações sociais?". É importante que você focalize essas catástrofes potenciais, porque quase todas as pessoas com fobias sociais têm esses pensamentos. Apenas evitar os pensamentos de desastres não o ajudam a lidar com eles. Os pensamentos podem ser uma fonte real de perturbação, mesmo que as piores cenas raramente ou nunca aconteçam de fato. Esse tipo de exposição imaginária, quando usado de modo correto, pode ajudá-lo a aprender a substituir esses pensamentos assustadores por afirmações de convivência. Você também pode aprender a se acostumar com eles.

Vejamos como esse passo funcionou para Tom. Nos passos anteriores de seu processo de exposição, Tom havia encontrado uma resposta geralmente positiva de seus colegas policiais, mesmo quando cometia um erro proposital. Fora uma pequena brincadeira, ninguém se importara, de fato, por ele ter-se esquecido do que estava dizendo no meio da frase. Tom aprendeu que não precisa ser perfeito o tempo todo. Entretanto, ele ainda tinha pensamentos perturbadores a respeito do que aconteceria se realmente fosse desaprovado. E se alguém realmente o criticasse? Ele se sentiria destruído?

Tom ainda precisava aprender a lidar com a desaprovação. Para isso, criou uma cena em sua imaginação, cometeu um erro, e desta vez alguém o criticou. Quando Tom esqueceu o que estava dizendo na reunião, alguém lhe disse, com voz irritada: "Ande logo, Tom. Nós não temos o dia inteiro".

Tom usou suas habilidades de respiração compassada e lembrou-se de suas afirmações de convivência (a que ele mais considerou foi: "Eu não preciso ser perfeito"). Além disso, tentou aceitar o ponto de vista da outra pessoa para ter uma percepção mais lógica da situação. "Talvez a pessoa que está me criticando esteja tendo um dia ruim", pensou. Outro pensamento lhe ocorreu: "Ele é sempre tão rude, mas isso não significa que devo me sentir mal por ser humano". Tom ensaiou esta cena, até que pudesse fazê-la com o mínimo de ansiedade, e assim preparou-se para lidar com uma situação de vida real em que cometesse uma gafe.

Passo 6: Lidando com a Desaprovação na Vida Real

Neste passo você aprenderá a lidar com a desaprovação nas situações reais que teme. Algumas vezes este último passo é o mais difícil de ser realizado. Mesmo que a desaprovação seja inevitável, em algum momento, é difícil fazer com que as pessoas reajam negativamente quando você o deseja. Contudo, é difícil desenvolver confiança em sua habilidade de lidar com a desaprovação se você não demonstrou a si mesmo que pode lidar com ela na vida real. Como existe uma incerteza a respeito da rejeição ou da crítica de alguém em relação a você, as exposições *ao vivo* à desaprovação são um desafio. Você pode agir de uma forma que provavelmente provoque desaprovação, mas não há garantias. Pelo menos, agora você está preparado para lidar com as reações negativas das outras pessoas, quando elas acontecerem naturalmente. Mais cedo ou mais tarde, você terá a oportunidade de usar suas recém-descobertas habilidades e aprender, com sua própria experiência, que a desaprovação é desagradável, mas não é catastrófica.

Sem dúvida, isto aconteceu com Tom. Ele continuou a fazer comentários nas reuniões de departamento e acabou encontrando discordâncias e até mesmo desaprovação. Tom estava preparado para isto. Ele conseguiu usar suas habilidades de respiração profunda para controlar os seus sintomas corporais de ansiedade, e foi capaz de usar suas afirmações de convivência para lembrar-se de que não tinha de ser perfeito nem de agradar a todos. O importante foi sentir-se livre para dizer o que queria, e não ter de julgar cada pensamento antes de falar. Também foi capaz de elogiar internamente a si mesmo, por um trabalho bem-feito. O fato de estar recebendo uma desaprovação ocasional era realmente um sinal de que Tom estava correndo riscos suficientes para superar sua fobia.

E Agora?

Há muito material neste capítulo, e ele apresenta muitos desafios. Na verdade, este é o cerne do item de tratamento deste livro. Você deve permitir-se levar o tempo que for necessário para trabalhar sistematicamente cada uma das habilidades. Não se preocupe se não dominar todas as habilidades de imediato — estas são técnicas que você pode praticar e nas quais pode progredir por toda a sua vida, são instrumentos que você pode utilizar sempre que necessitar.

Depois de ter trabalhado todos estes passos com um dos itens de baixo desafio de sua hierarquia, você precisará rever sua meta e avaliar o seu progresso. Examine os outros itens de baixo desafio. Se pensar: "Eles não me assustam mais! Eu sei que poderia passar com facilidade por qualquer uma dessas exposições", você estará pronto para passar para a categoria de desafio médio. Então, escolha um item e repita as seis técnicas detalhadas neste capítulo. Por exemplo, Tom trabalhou tão bem com seu medo de desaprovação quando praticou as técnicas de exposição com o primeiro item de baixo desafio escolhido em sua hierarquia, que dar graças diante de sua família começou a parecer brinquedo de criança.

No entanto, tenha o cuidado para não se mover rápido demais em sua hierarquia. Se você tiver alguma dúvida a respeito de sua capacidade de completar todos os itens de exposição de sua lista de baixo desafio, escolha outro e repita os seis passos de exposição. Reavalie novamente o seu progresso. Há muita variação no quanto é aprendido numa situação social e transferido para outra situação. Continue repetindo os passos com os itens de baixo desafio até que você esteja convencido de que está pronto para passar para o próximo nível. Está tudo bem se você precisar realizar esses passos com todos os seus itens de baixo desafio de exposição antes de seguir adiante. Lembre-se: a fobia social não se desenvolveu da noite para o dia, e assim é natural que demore um pouco para que você supere totalmente os seus medos. Você só deve ir para a lista de desafio médio quando estiver completamente certo de que pode lidar com todos os itens da lista de baixo desafio. E aí, repita o processo com as suas situações de desafio médio até que você se sinta pronto para lidar com os itens de desafio alto.

Esses passos não estão gravados em pedra. Você pode e deve ajustar esta abordagem à sua própria situação pessoal, e às suas necessidades particulares. Contudo, se achar que está confuso a respeito de como proceder, ou que a sua situação é especialmente complicada, pode ser que você precise da ajuda de um terapeuta treinado. O Capítulo 17 o ajudará um pouco mais a definir se seria útil contatar um terapeuta e o que procurar num profissional de saúde mental.

Resumo

Há uma seqüência lógica de habilidades a serem aprendidas para realizar tanto exposições imaginárias quanto exposições na vida real. A primeira inclui entrar na situação social temida por meio da imaginação. A segunda o ensina a entrar na situação na vida real. A terceira lhe dá a oportunidade de experienciar a desaprovação no contexto de uma exposição imaginária. Na quarta técnica, você arrisca encarar a desaprovação na vida real. A quinta técnica descreve formas de lidar com a desaprovação em sua imaginação e, finalmente, a sexta lhe mostra como lidar com a desaprovação real. No próximo capítulo discutiremos alguns princípios básicos da exposição bem-sucedida.

10
Princípios de uma exposição bem-sucedida

As exposições são experiências que aumentam a confiança quando são planejadas e realizadas de modo adequado. Você pode sentir-se ansioso antes e durante uma exposição, é claro; mas você deve ter uma sensação positiva por ter realizado algo quando a exposição estiver terminada. Há diversos princípios ou diretrizes que você deve ter em mente para obter o maior benefício das suas sessões de exposição. Essas diretrizes aplicam-se tanto a exposições imaginárias quanto *ao vivo*. Se você segui-las, o difícil trabalho da exposição certamente terá resultados!

VÁ EM SEU PRÓPRIO RITMO

O primeiro princípio importante da exposição refere-se a como começar, e ao ritmo a seguir. Provavelmente, o modo mais comum em que as pessoas sabotam sua recuperação, sem querer, é ir depressa demais. Imagine o que acontecerá se você tentar dar uma palestra para um grupo de cem colegas sem ter praticado um único comentário numa reunião. Será que esta seria uma boa idéia? O bom senso e a pesquisa nos dizem que não. Em 1981, os doutores Andrew Matthews, Matthew Gelder e Derek Johnson fizeram uma resenha dos estudos a respeito de exposição e especificaram os princípios do tratamento eficaz de exposição. Na maioria dos casos, a prática gradual era claramente superior em relação à prática inicial das tarefas mais assustadoras.

Então, procure as situações mais fáceis quando começar a encarar seus medos. Você quer ser desafiado, mas não demais. Você construiu uma hierarquia e ordenou as situações, da mais fácil para a mais difícil. Agora, escolha um item fácil de sua lista de baixo desafio. Desta forma, os níveis de ansiedade permanecerão toleráveis. As pessoas diferem no tempo que demoram para conquistar essa confiança, e se habituar. Não há uma regra rígida para saber quando você dominou uma situação, mas há algumas indicações.

Primeiro, você deve ter a sensação de que poderia repetir a exposição sem grandes dificuldades. Se em vez disso sentir que apenas conseguiu sobreviver, ainda não é o momento de seguir adiante. Se você dominou uma exposição, sua ansiedade não deveria passar dos níveis mínimos. Se o seu nível de ansiedade continua a elevar-se, você provavelmente precisa de mais prática. Você não precisa estar completamente relaxado para dizer que dominou uma exposição, mas deve estar relativamente confortável.

Vamos ver como uma pessoa com fobia social começou o seu processo. Ernest, um vendedor de uma loja de equipamentos, era um homem muito ansioso que se sentia desconfortável com os vizinhos, com os colegas de trabalho — na verdade, com quase todo o mundo, exceto com dois amigos de infância. Convidar os amigos para uma festa em sua casa, ou convidar uma moça para sair eram itens no alto de sua hierarquia. Encará-los sem ter antes construído uma base ou sem ter aumentado a sua confiança, teria sido demais para ele. É muito provável que se essas experiências fossem negativas, fariam com que Ernest ficasse com mais medo ainda. Em vez de começar de cima, ele escolheu a seguinte situação da lista de itens de baixo desafio de sua hierarquia: *cumprimentar um vizinho — alguém amigável, como a idosa sra. Jones.*

Ernest descobriu que, quando foi realizada imaginariamente, esta exposição aumentou o seu nível de ansiedade para 3 ou 4 (com base na "Escala para avaliar a intensidade da ansiedade", no Capítulo 5). À medida que foi progredindo nas seis técnicas descritas no Capítulo 9, o nível de ansiedade de Ernest elevou-se ainda mais. Mas como ele havia começado por uma situação relativamente fácil, seu nível de ansiedade permaneceu tolerável. Lembre-se: as exposições deveriam trazer uma ansiedade moderada, e não pânico. Por outro lado, as exposições devem ser um pouco desafiadoras, ou não haverá nenhuma aprendizagem.

A armadilha mais comum em que as pessoas caem é a ambição exagerada. Uma exposição que provoque terror pode sensibilizá-lo, ou seja, estabelecer uma associação ainda mais forte em sua mente entre encarar o medo e sentir um pânico extremo e insuportável. É claro que mesmo as exposições bem-planejadas podem provocar um pouco mais ou menos de ansiedade do que você espera. No entanto, se a sua hierarquia foi bem construída, você provavelmente estará perto de conseguir níveis ideais para a aprendizagem.

Você pode estar imaginando como poderá praticar os itens de desafio alto de sua hierarquia e, ao mesmo tempo, manter um nível de ansiedade moderado. Felizmente, o que parece uma exposição muito desafiadora quando você está construindo a sua hierarquia, poderá ser muito mais moderada depois que experienciar sucesso com itens de níveis mais baixos. Quando Ernest começou a pensar nas exposições, a meta de convidar um colega para tomar uma cerveja depois do expediente parecia tão inatingível quanto escalar o Monte Everest. Depois do treinamento de habilidades e de ter diversas experiências positivas com itens menos desafiadores de sua hierarquia, Ernest começou a ter mais confiança no fato de que poderia tentar esta tarefa. Finalmente, ele fez o convite e passou uma hora bastante agradável com um vendedor, conversando e assistindo a um jogo no bar local. Seu nível de ansiedade chegou a 6, mas diminuiu rapidamente.

Se Ernest tivesse tentado fazer isto cedo demais, provavelmente não teria conseguido lidar tão bem com sua ansiedade. A prática gradual constrói uma base sólida para os desafios de exposições mais difíceis. Se achar que alguma exposição está sendo demais, isso provavelmente quer dizer que você precisa praticar mais com as tarefas mais fáceis. Você poderá voltar a tentar as situações mais desafiadoras depois que tiver aumentado sua confiança.

É importante lembrar que se sentir em pânico durante uma exposição não é o fim do mundo, mesmo que você tenha começado com um desafio difícil demais para o seu nível de confiança atual. Às vezes, isso pode ter até um efeito positivo ao lhe mostrar que você pode sobreviver a uma interação muito assustadora. Ou, então, isso pode apenas representar um ligeiro retrocesso que poderá ser superado com mais prática das situações menos desafiadoras.

Espere até que seu Nível de Ansiedade Diminua antes de Terminar uma Sessão de Exposição

Você já entendeu quais exposições são indicadas para iniciantes. O que mais você deve ter em mente para obter o máximo benefício do ato de encarar os seus medos? Um segundo princípio que consideramos útil refere-se à duração de cada exposição. Novamente, a pesquisa realizada pelo dr. Matthews e seus colegas nos dá algumas orientações: é melhor tentar permanecer na situação que provoca medo até que o seu nível de ansiedade comece a diminuir.

Se fugir enquanto o seu medo ainda estiver alto ou aumentando, você não experienciará a inevitável redução de sintomas que haverá em qualquer situação difícil, se houver tempo suficiente. E o resultado da fuga é que você termina a sessão sentindo-se mal, com pouca confiança de que poderá lidar com uma situação semelhante na próxima vez. Você se privará do encorajamento que vem de permanecer na exposição, mesmo nos piores momentos, e descobrir que eles não são tão ruins como pensava. Quando você espera até que sua ansiedade diminua antes de sair de sua sessão de exposição imaginária ou *ao vivo*, pode dizer a si mesmo: "Já passei por isso! A ansiedade é desconfortável, mas passa. Posso funcionar apesar de meus sintomas. Não deixarei mais que meus medos me controlem!". Agüente firme e você conseguirá uma sensação de domínio.

Um outro exemplo é o caso de Dorothy, uma musicista com grave ansiedade de desempenho. Como estava planejando executar uma peça num concerto de piano, ela fez a preparação necessária. Sua ansiedade de antecipação era alta, e o seu nível de ansiedade elevou-se para 7 nos primeiros minutos antes de sua apresentação. Como ela se sentiria se sucumbisse ao desconforto e fugisse do palco antes de terminar a peça? Ela se sentiria tola e fracassada, ficaria tão sensibilizada pela situação que precisaria de anos para juntar toda a sua coragem e apresentar-se em público novamente. No entanto, ela pôde ir embora sentindo-se um sucesso. E, ainda mais importante, aprendeu que podia tocar mesmo quando estivesse ansiosa.

Ou, então, veja o caso de Patrick, que tinha muitos amigos, mas sentia-se ansioso em festas com muitas pessoas. Naturalmente, ele se sentia apavorado com a perspectiva de atravessar a porta e cumprimentar as pessoas ou envolver-se em uma conversa. Ele sentia pânico e pensava: "Devo virar as costas e ir embora?". Para Patrick, era importante ficar na festa até que tivesse realizado algum objetivo intermediário razoável (como conversar com três pessoas e permanecer lá por meia hora). Ele poderia aumentar sua confiança para a próxima vez, se só fosse embora quando sua ansiedade tivesse diminuído um pouco.

Perceba que não existe um tempo definido em que você deva permanecer numa exposição. Há diversas razões para isto. Primeiro, as pessoas são diferentes. O nível de ansiedade de uma pessoa pode chegar ao máximo no primeiro minuto da exposição e logo depois diminuir rapidamente. Para outra pessoa, a ansiedade pode permanecer bastante alta, entre quinze e vinte minutos antes de diminuir. Repetindo, a regra é permanecer até que o seu nível diminua, antes de terminar uma exposição, se isto for possível.

Nem sempre isto pode ser viável, dada a natureza das interações sociais. Se você faz uma ligação telefônica assustadora, a pessoa do outro lado da linha pode despedir-se enquanto o seu nível está no máximo. Está tudo bem. Você pode conseguir muitos benefícios mesmo com essas breves exposições. Contudo, quando as pratica, você provavelmente terá de repeti-las mais freqüentemente do que se tivesse feito exposições mais longas. Faça apenas o possível para seguir as orientações. Se você tem fobia de usar banheiros públicos, tente permanecer no banheiro até que o seu nível de ansiedade diminua. Se possível, não saia enquanto sua ansiedade estiver aumentando ou em alta. Esse princípio aplica-se mesmo a uma exposição inicial que, no caso da fobia de banheiros, seria simplesmente entrar para lavar as mãos e logo sair. Use as suas habilidades de controle para diminuir o seu nível de ansiedade antes de sair.

PRATIQUE TÃO FREQÜENTEMENTE E POR TANTO TEMPO QUANTO POSSÍVEL

Vamos considerar um princípio relacionado ao anterior: Com que freqüência você deve trabalhar nas exposições? Há uma resposta simples que toma a forma de outra pergunta: com que rapidez você quer ver os resultados? Cada um dos leitores deste livro tem um conjunto de prioridades, circunstâncias e compromissos diferentes. Além disso, algumas exposições podem ser realizadas com facilidade, sem muito planejamento, e a oportunidade para realizar outras (discursos, por exemplo) pode ser menos freqüente. O ideal seria fazer exposições planejadas diariamente, embora isso nem sempre seja possível. Para algumas pessoas, uma ou duas exposições por semana podem exigir bastante esforço. Você deve ter um objetivo razoável e trabalhar para realizá-lo. É óbvio que, quanto mais encarar os seus medos, mais cedo os superará.

Se os intervalos entre as exposições forem muito longos, você poderá estar sabotando o seu progresso. A motivação e a confiança se dissolvem se dias ou semanas se passarem sem que você confronte suas ansiedades. Os medos crescem sem o *feedback* que cada exposição bem-sucedida lhe dá, ou seja, as catástrofes não são o resultado usual das interações sociais e você pode conviver com a ansiedade. Em nossa experiência, as pessoas que praticam as exposições com freqüência desenvolvem uma força que as ajuda a prosseguir nos momentos difíceis. Por outro lado, as que as adiam simplesmente prolongam o seu sofrimento, sentem-se culpadas, e aumentam a sensação desagradável da ansiedade antecipatória. Elas demoram duas vezes mais para chegar ao que desejam.

EVITE DISTRAÇÕES DURANTE AS SESSÕES

Um quarto princípio de exposições bem-sucedidas é evitar ou diminuir as distrações, que podem tornar as exposições menos eficazes. Com distrações queremos dizer o modo pelo qual algumas pessoas socialmente ansiosas fazem uma exposição, mas permanecem distanciadas. Esta é, na verdade, uma forma de fuga, como explicamos no Capítulo 1. A pesquisa realizada pelos doutores P. de Silva e S. Rachman, em 1981, confirma que a distração pode impedir os benefícios associados à exposição. Vejamos um exemplo.

Beth tinha fobia de comer diante dos outros e começou a praticar exposições, mas dizia que estava ganhando pouca confiança, mesmo que completasse cada sessão conforme o planejado. Uma análise cuidadosa de sua atitude em relação às exposições revelou que ela estava se distraindo de seus medos e sintomas quando comia em público. Em vez de reconhecer e conscientizar-se daquilo que sentia nessas ocasiões, Beth deliberadamente focalizava sua atenção na música que estava sendo tocada, na roupa de alguém, ou desviava seus pensamentos para a decoração do restaurante.

À primeira vista, esta pareceria ser uma técnica de convivência razoável, mas a pesquisa e a experiência clínica sugerem que não. Beth evitava os sintomas significativos usando essas distrações. Parece bom, mas não é. Se você não experienciar os sintomas, não poderá aprender a conviver com eles. Além do mais, a distração é um aliado pouco confiável. Pode funcionar às vezes, mas nem sempre. Nunca funciona consistentemente. Portanto, há sempre um dia em que os pensamentos e sentimentos aterrorizantes aparecem com força total; e quando isso acontecer, Beth e outras pessoas como ela estarão despreparadas.

Para serem realmente bem-sucedidas, as exposições precisam lhe dar a oportunidade de usar completamente todas as habilidades de convivência que você aprendeu. A prática dessas habilidades é essencial para atingir e manter uma nova sensação de confiança. Lembre-se do que já dissemos antes: a meta é aprender a conviver com a ansiedade, e não eliminá-la; para isso é necessário praticar.

Resumindo, a distração é apenas uma outra forma de fuga, embora seja compreensivelmente tentadora. Não faça de conta que o seu batimento cardíaco está normal quando na verdade está perto de 140 por minuto. Em vez disso, reconheça, aceite e lide com os seus sintomas. Sua afirmação de convivência pode ser: "Sim, meu coração está disparado, mas isso não significa que algo de ruim vai acontecer. Se eu relaxar o meu corpo e respirar lenta e profundamente, meu coração logo voltará ao normal. Eu posso fazer o que preciso, apesar de meus sintomas".

AVALIE CONSTRUTIVAMENTE O SEU PROGRESSO

As suas exposições estão fazendo com que você tenha um sentimento positivo? Você está fazendo progressos para superar sua ansiedade social? Se isto não estiver acontecendo, você poderá estar avaliando as suas exposições e continuar se sentindo desnecessariamente desencorajado. Você pode estar caindo no erro comum de esperar muito, cedo demais, se diminuindo, não reconhecendo aquilo que realizou, ou usando algum outro modo de pensar não-adaptativo.

Erros desse tipo impediram que Rita reconhecesse suas realizações. Ela havia realizado várias exposições desafiadoras, e completado todas, mas depois, quando pensava no que havia acontecido, sentia de novo a ansiedade e a perturbação. Ela criticava o seu "desempenho" de uma forma que fazia com que suas realizações reais ficassem diminuídas. Por exemplo, revia mentalmente o seu desempenho na reunião de um grupo político que ela freqüentava regularmente. Em vez de ficar sentada em silêncio enquanto os outros discutiam os planos para levantar fundos, Rita praticou uma exposição, dando sua opinião a respeito de onde deveria ser realizado o levantamento de fundos. Ela fez o que havia planejado, mas não tinha a sensação de ter realizado algo. Por quê? Porque Rita tinha aplicado padrões perfeccionistas ao que havia realizado.

Sua sugestão tinha sido "errada" (outro local havia sido escolhido) e ela achava que sua voz tinha sido muito baixa e hesitante enquanto falava. Rita poderia ter-se sentido justificadamente feliz consigo mesma por ter corrido o risco de se comportar de um modo novo, mas persistia em distorções cognitivas que a impediam de avaliar o seu processo de modo realista.

Rita precisava rever os princípios de reestruturação cognitiva, descritos no Capítulo 6, para corrigir o seu pensamento distorcido. Quando verificar as distorções, ela poderá substituir seus pensamentos da seguinte forma:

Pensamento Desencorajador: O lugar que sugeri para o levantamento de fundos não foi bom.

Resposta Saudável: Qual a evidência para esta conclusão? Nenhuma, na verdade. Minha opinião é tão válida quanto a de qualquer outra pessoa. Sugeri um lugar em que eu e as outras pessoas nos divertimos antes.

Pensamento Desencorajador: Minha voz estava tão fraca e hesitante. As outras pessoas devem ter-me achado boba e nervosa.

Resposta Saudável: Estou só começando as exposições. Só o fato de ter encontrado as palavras e ter conseguido dizê-las, quando estava tão nervosa, já é um feito. Talvez com a prática eu venha a me mostrar mais assertiva e consiga falar mais alto, mas neste momento me sinto bem só por ter conseguido dizer o que estava pensando. De qualquer modo, não me ajuda em nada concluir que os outros me acham boba e nervosa. Isto é telepatia. Provavelmente cada pessoa reagiu de uma maneira diferente, mas certamente havia mais em suas mentes do que eu!

Você consegue imaginar os outros erros cognitivos que Rita pode ter cometido? Os erros de probabilidade e de gravidade, descritos nos Capítulos 2 e 6, também podem aparecer durante o processo de avaliação. Vamos examinar de novo o pensamento de Rita: "Eles devem ter-me achado boba e nervosa". E seguindo este pensamento e associando-o a outros, Rita percebeu que continuava assim: "Agora os outros não vão querer sair comigo porque eu sou uma perdedora. Eu nunca farei nenhum novo amigo neste grupo".

Você vê alguns exageros de probabilidade e de gravidade aqui? Qual é a probabilidade de que as pessoas a tenham visto como boba? E mesmo que ela esteja correta nesta estimativa (o mais provável é que ela tenha superestimado a probabilidade), isso teria realmente a conseqüência grave de que ninguém no grupo ficaria interessado em sua amizade? Rita precisa rever suas habilidades cognitivas de convivência. Se isso também se aplica a você, vale a pena voltar ao Capítulo 6 e revê-lo.

A maioria dos "fracassos" de Rita estava em sua mente. Não aconteceram problemas reais durante as suas exposições. Sua forma bastante dura e crítica de avaliar-se era a sua verdadeira dificuldade.

Entretanto, às vezes acontecem alguns problemas e desapontamentos mais concretos durante o processo de exposição, mesmo que a maioria das exposições seja mais suave do que as pessoas socialmente ansiosas esperam que sejam. As habilidades cognitivas podem ser especialmente úteis quando uma exposição leva a um desapontamento verdadeiro.

Ernest, o rapaz tímido da loja de equipamentos, a quem já nos referimos, depois de ter trabalhado com situações de baixo desafio, sentia-se pronto para convidar uma moça para sair. Ele nunca havia feito isto nos seus 36 anos de vida! Antes desse grande passo, ele se sentiu muito ansioso. Adoraríamos poder dizer que a moça que Ernest convidou aceitou entusiasticamente, e que eles se apaixonaram e se casaram. Mas não foi assim. Ela não aceitou o convite. Agora, este é o ponto crucial. Ernest ficou arrasado? Não. Ele ficou bastante desapontado com a experiência, mas não ficou arrasado.

Ernest tinha-se preparado para esta exposição desafiadora. Parte de sua preparação foi imaginar como se sentiria se a moça dissesse não. A recusa imaginária causou-lhe muitos pensamentos perturbadores; mas usando suas habilidades cognitivas de convivência, ele foi capaz de colocar esta experiência em perspectiva, mesmo enquanto ela ainda era hipotética. Veja alguns dos pensamentos distorcidos que ele teve e as respostas saudáveis que ele lhes deu, com o apoio de seu terapeuta:

Pensamento Desencorajador: Por que fui correr um risco desses? Agora eu sei que é verdade: as mulheres não me acham atraente. Eu sempre serei solitário.

Resposta Saudável: Nunca vou superar os meus medos se eu não correr riscos. Fugir disto fez com que eu me tornasse solitário. Sei que se con-

Pensamento Desencorajador: tinuar convidando moças para sair, alguma moça atraente e agradável aceitará. A rejeição não significa que todas as moças me rejeitarão. Não vou convidar mais ninguém para sair. Ao menos assim não terei de me sentir um merda quando for rejeitado. Talvez, se eu fosse mais bonito ou tivesse mais dinheiro, conseguisse sair com mulheres; mas quem quer sair com um homem baixo e atarracado, com um emprego sem perspectiva numa loja de ferramentas?

Resposta Saudável: É doloroso ser rejeitado, mas a rejeição faz parte da experiência de todos. Mesmo os homens mais ricos e bonitos já ouviram um não. Eu me sinto bem por ter feito o esforço e precisei de coragem para isto. Se eu continuar tentando, certamente terei resultados, mas se desistir, continuarei solitário e infeliz.

Observe como Ernest lembrou-se de duas coisas muito importantes. A primeira, a de que todos precisam aprender a conviver com a rejeição, até mesmo Julia Roberts ou Ted Danson. Sendo realistas, precisamos aceitar que nem todas as pessoas nos responderão de modo positivo em todas as situações. A vida é assim. A segunda, crucial, é a de que Ernest lembrou-se de elogiar a si mesmo. Este detalhe é freqüentemente negligenciado, mas não deveria. As exposições são um trabalho duro, e é essencial elogiar a si mesmo por enfrentar um desafio tão grande.

Por que razão é tão importante avaliar construtivamente o seu progresso? Se você não o fizer, seu entusiasmo e sua confiança na realização das futuras exposições irão fraquejar, e isto apenas diminuirá o seu progresso. Acima de tudo, cada exposição deve ser uma experiência de aprendizagem. Quer a sessão tenha sido bem-sucedida, além de tudo que você havia imaginado, quer ela tenha sido a coisa mais difícil que você já fez na vida, há algo a ser aprendido com ela. Essas lições só podem ser conseguidas de um modo — por meio da experiência!

Continue Reavaliando suas Metas

Há ainda um princípio final para uma exposição bem-sucedida. Você tem de sentir o que já fez. Quando você terá conquistado a sua fobia social? Quando você poderá descansar sobre seus louros? Isto depende, em alguma medida, do quanto você é enfraquecido por seus medos, e do nível de suas metas. Se o medo o atrapalha só um pouquinho, você logo atingirá um ponto em que terá confiança suficiente para levar uma vida normal. Se você pode fazer tudo o que deseja, sem níveis de ansiedade desagradáveis, tudo o que resta são algumas exposições básicas de manutenção, que serão discutidas no Capítulo 15.

Por outro lado, você ainda pode experienciar medos que são extensos e debilitantes. Podem ser necessários meses ou anos de exposições para superá-los, por causa da extensão de sua fuga, da força de suas crenças não-adaptativas e de outros fatores. A maioria das pessoas determina sua recuperação baseando-se em sua experiência e em sua hierarquia original. Sua hierarquia e suas metas e objetivos pessoais o ajudarão a julgar em que ponto você está em seu trabalho de exposição.

Algumas pessoas socialmente ansiosas concluem realisticamente que existem algumas coisas que nunca farão para viver mais plenamente. Não é necessário que todas as pessoas com medo de falar em público consigam falar para uma audiência de milhares de pessoas: talvez já seja suficiente falar para uma classe de trinta ou quarenta estudantes. Mas não pare prematuramente o trabalho com as exposições se ainda existirem situações não-dominadas que você possa encontrar durante a maior parte de sua vida.

A atitude mais produtiva que você pode ter será continuar a desafiar-se durante toda a sua vida. Isto pode soar desencorajador, se você estiver apenas começando as exposições. Entretanto, acredite que depois que você se envolver no trabalho real de confrontar os seus medos, esta orientação passará a soar razoável e possível. As exposições podem ser tremendamente gratificantes e dar-lhe a liberdade para aproveitar situações com as quais até agora você só tinha sonhado.

Resumo

É melhor seguir alguns princípios importantes quando você estiver praticando exposições. Primeiro, comece trabalhando lenta e gradualmente em direção às situações sociais que você mais teme. Segundo, tente esperar que o seu nível de ansiedade diminua antes de deixar a situação que provoca medo. Terceiro, quanto mais você praticar, mais rapidamente superará os seus medos. Quarto, diminua as distrações durante as suas sessões de exposição de modo a experienciar plenamente a situação. Quinto, reavalie freqüentemente as suas metas, e considere a possibilidade de incluir alguma forma de exposição social em sua rotina de vida.

Parte V

Outras Considerações

Esta parte discute problemas que alguns dos leitores poderão encontrar. Se você se sente inseguro a respeito do que dizer ou do que fazer em situações sociais, as habilidades sociais discutidas no Capítulo 11 poderão ajudá-lo. O Capítulo 12 inclui técnicas para você administrar o estresse, e o Capítulo 13 examina a depressão, o abuso de álcool e outros problemas que freqüentemente aparecem junto com a fobia social. O Capítulo 14 dá sugestões para aumentar o seu incentivo para a recuperação, e o Capítulo 15 descreve passos para prevenir recaídas e remediá-las se elas ocorrerem. No Capítulo 16 abordamos o assunto da medicação para a ansiedade social, e o Capítulo 17 lhe diz como encontrar um terapeuta, se for necessário. O Capítulo 18 faz algumas previsões quanto ao futuro da pesquisa.

11
E Se Eu Precisar De Outras Habilidades?

Com freqüência as pessoas com fobias sociais são muito duras consigo mesmas. Elas sentem que seu desempenho social é muito ruim, pois estabeleceram padrões irrealizáveis para si mesmas. As habilidades sociais dessas pessoas são boas; sua autoconfiança é que é muito baixa. Em outros casos, as fobias sociais são baseadas, pelo menos em parte, numa avaliação precisa das próprias habilidades. Em outras palavras, algumas pessoas têm medo de uma situação porque percebem que o seu desempenho será verdadeiramente fraco. Faltam-lhes algumas habilidades sociais. Chamamos isto de *déficit* de habilidades sociais. O objetivo deste capítulo é ajudá-lo a identificar e a corrigir qualquer *déficit* de habilidades sociais que você possa ter.

Como Estão Suas Habilidades Sociais?

Pode ser difícil ser objetivo ao responder a esta questão. As pessoas com fobia social tendem a ser abertamente autocríticas e perfeccionistas, e provavelmente irão responder rapidamente: "horríveis. Minhas habilidades sociais não existem!". Tenha calma antes de chegar a esta conclusão. Talvez a melhor maneira de avaliar realisticamente as suas habilidades sociais seja refletir sobre qualquer *feedback* que você tenha recebido das outras pessoas, ou buscar qualquer outro tipo de evidência objetiva que você tenha recebido sobre suas interações sociais. Por exemplo, se você já fez um discurso — talvez na escola ou numa situação de trabalho — qual foi a resposta? Alguém veio lhe dizer que você fez um bom trabalho? Você recebeu uma nota média ou acima da média? Se você recebeu algum *feedback* positivo, é provável que não tenha falta de habilidades. Por outro lado, você pode estar se avaliando com base em seus sentimentos e percepções autocríticos e não em seu desempenho real.

Vejamos um exemplo. Judy passou por todo o início da faculdade sem ter de fazer nenhuma apresentação em classe. Quando estava no meio do curso universitário, teve de preparar seminários, que incluíam apresentações para a classe. Judy ficou extremamente ansiosa nas primeiras apresentações, a ponto de ter fortes dores de estômago antes da aula; ela sentia-se como se todos estivessem percebendo seu esforço para respirar. Mas recebeu boas notas, e quando perguntou a seus colegas, eles disseram que nem haviam percebido que ela estava nervosa. Embora interiormente Judy se sentisse muito nervosa, não deixava transparecer às outras pessoas, nem interferir em sua habilidade de falar corretamente. Depois de receber *feedback* positivo e consistente, ela foi capaz de relaxar um pouco e ver sua ansiedade como uma fonte de energia, em vez de um inimigo terrível que provocasse vergonha.

Se você teve experiências semelhantes às de Judy em qualquer situação que envolvesse habilidades sociais, pode não ter tido os *déficits* que imaginava. Vamos ver um outro exemplo. George sempre sentia que ele era perceptivelmente mais calado do que as outras pessoas. Ele não se considerava atirado, nem amigável. E, para sua surpresa, um dia um colega de trabalho lhe disse que realmente gostava de trabalhar com ele. Ele comentou que as conversas com George faziam com que o dia fosse mais agradável e com que o tempo passasse mais rápido. Este elogio inesperado fez com que George olhasse com mais cuidado para si mesmo. Talvez não fosse a pessoa mais falante do mundo, mas certamente também não era a pessoa mais calada. Na verdade, ele provavelmente estava na média.

Você pode ter lido os exemplos acima e pensado consigo mesmo, "Este não sou eu. Eu realmente tenho *déficits* de habilidades sociais". Talvez quando tentou fazer uma apresentação você não obteve boas notas ou nenhum *feedback* positivo, tenha ficado paralisado ou tenha gaguejado. Ou você apenas não saiba como se apresentar para um estranho, ou como iniciar uma conversa. Você tem provas disto! Quando vai a uma festa, você é sempre aquele que fica sozinho num canto, sem saber como se aproximar das pessoas. Se este é o seu caso, anime-se — há muito material útil para você neste capítulo.

Se você está tendo dificuldade para decidir se tem *déficits* de habilidade social, responda às perguntas a seguir:

- Você tem dificuldades para iniciar conversas? Você fica sem saber o que falar?
- E quando a conversa já está acontecendo? Você a termina rapidamente por falta de assunto?
- Você tem dificuldade em olhar nos olhos das pessoas? Você sorri pouco?
- E sua linguagem corporal? Você se senta com os braços cruzados e de cabeça baixa?
- Você tende a dizer muitos "sim" e "hum, hum", tentando fazer com que a outra pessoa continue falando para que você não tenha de falar?
- Você reluta em revelar informações pessoais a seu respeito?
- Você tende a ficar longe das pessoas com quem está conversando?
- Você evita emitir suas opiniões, ou pedir o que deseja?
- Você se sente inseguro quando tem de falar em público?

Se você respondeu "não" a todas estas questões, não precisa usar seu tempo para refinar suas habilidades. Contudo, se respondeu "sim" a pelo menos uma delas, este capítulo lhe será útil. Primeiro vamos apresentar um plano geral para abordar a habilidade que você deseja dominar. A seguir passaremos por diversas habilidades sociais específicas, como fazer um pedido ou falar em público, e lhe daremos instrumentos que você poderá usar para aumentar suas habilidades nesta área.

Um Plano Geral para Aumentar Suas Habilidades Sociais

Você decidiu que quer aumentar uma habilidade social. Agora você precisa de um plano. Basicamente, há quatro passos para aumentar sua habilidade social. Falaremos resumidamente sobre cada passo. E, então, você terá uma idéia melhor a respeito de como aplicar esta estratégia quando abordarmos cada uma das habilidades sociais específicas.

Passo 1: Identifique o déficit de habilidade. O que está faltando? Por exemplo: pode ser que você seja "seco" ou inexpressivo quando conversa, deixando os outros sem saber se você está realmente interessado neles ou naquilo que eles estão dizendo.

Passo 2: Determine a habilidade social apropriada para corrigir o déficit. O Passo 2 anda junto com o Passo 1. Usando o exemplo acima, o que está faltando é um senso natural de animação ou a linguagem corporal apropriada. A habilidade específica a ser aprendida está na categoria geral de comunicação não-verbal.

Passo 3: Experimente e pratique a habilidade. Este passo inclui experimentar novos comportamentos ou praticar novas habilidades sociais. Vamos continuar nosso exemplo. Experienciar habilidades de comunicação não-verbal inclui praticar diante de um espelho ou, se possível, filmar-se. Veja o que acha de sorrir mais ou de usar mais as mãos para gesticular. Se a habilidade social que você precisa praticar é verbal, use um gravador e grave a si mesmo fazendo um discurso ou iniciando uma conversa. Vá em frente — este é apenas um experimento! Você pode sentir-se um pouco bobo no começo, mas continue. Divirta-se um pouco.

Passo 4: Aplique a habilidade. Depois de ter adquirido um pouco de confiança ao experienciar sua nova habilidade social, e de já ter uma idéia sobre as técnicas com que irá trabalhar, aplique a habilidade numa situação de vida real. Por exemplo, sorria e acene com a cabeça quando passar por alguém conhecido. Você pode se surpreender, e até mesmo receber um sorriso de volta.

Agora que você tem um plano geral em mente, vamos discutir em detalhe alguns tipos específicos de habilidades sociais.

HABILIDADES SOCIAIS NÃO-VERBAIS

Muito do que comunicamos às outras pessoas não passa por nenhuma palavra. As habilidades de comunicação não-verbal são básicas para ter boas interações sociais, e funcionam como base para outras habilidades sociais mais complexas. A maioria de nós aprendeu essas habilidades naturalmente, à medida que fomos crescendo, observando e "imitando" as pessoas à nossa volta, e também por tentativa e erro. Mas, de algum modo, a aprendizagem foi bloqueada no caso de certas pessoas com fobias sociais. Embora possa ter sido mais fácil aprender essas coisas enquanto éramos crianças, nunca será tarde demais. Nesta parte discutiremos habilidades sociais não-verbais importantes, e no próximo item abordaremos as habilidades verbais.

APARÊNCIA E HIGIENE

Apesar do ditado popular "Não julgue um livro pela capa", a aparência física é uma das primeiras coisas que você observa nas outras pessoas. Embora possa parecer superficial, a conduta exterior é uma forma rápida de conseguir informação inicial sobre outra pessoa. Você percebe o gênero da outra pessoa, se ele não for óbvio de outras formas, e pode ter uma idéia sobre sua idade e sua posição social. As roupas e os cuidados exteriores também podem sugerir se a pessoa cuida ou não de si mesma. Por exemplo, imagine um colega de trabalho que vai trabalhar sem tomar banho, sem pentear os cabelos, com os sapatos rasgados, vestindo a mesma camiseta puída um dia sim e o outro também. Você bem que poderia se perguntar se ele tem algum respeito por si mesmo e pelos outros à sua volta. Na maioria dos contextos urbanos é apenas uma gentileza comum banhar-se e vestir-se adequadamente. É claro que vivemos numa sociedade que enfatiza demais a atração física; e nós não queremos dizer aqui que você precisa parecer um modelo. Simplesmente, você precisa estar consciente da imagem que está projetando. Ela combina com a imagem que você gostaria de projetar? Tente encontrar um estilo confortável. Não importa se ele será simples ou de vanguarda, desde que seja confortável para você.

ESPAÇO PESSOAL

O espaço pessoal é a área imediatamente ao redor de seu corpo. Você provavelmente já teve a desconcertante experiência de ter seu espaço pessoal violado por alguém. Talvez num ônibus alguém tenha-se encostado em você, embora houvesse um lugar vago logo à frente. Ou, então, talvez alguém tenha batido em você com o carrinho de supermercado. A pesquisa sobre espaço pessoal realizada pelo dr. E. Hall, em 1960, descrevia quatro distâncias típicas. A distância *íntima* normalmente vai de 0 a 45 cm, e normalmente é reservada para interações interpessoais particulares. A distância *pessoal* vai de 45 cm a 1,20 m, e em geral é usada entre amigos. A distância social vai de 1,20 m a 3,65 m, e é usada em interações profissionais ou em outras relações impessoais. E, finalmente, a distância pública é maior do que 3,65 m, e é reservada para interações entre uma audiência e o palestrante. Bom, essas são apenas regras ou guias, que variam muito entre culturas diferentes (e você certamente não vai querer andar por aí com uma régua!). Entretanto, examine como se comporta em relação às distâncias nas interações com as outras pessoas. Em geral, as pessoas com fobias sociais têm maior probabilidade de ficar longe demais das pessoas com quem estão conversando; e distância demais pode ser um sinal, para as outras pessoas, de que você não está interessado nelas.

CONTATO OCULAR E OUTRAS EXPRESSÕES FACIAIS

Você certamente já ouviu a expressão "Os olhos são as janelas da alma". Os olhos dizem muito a respeito das pessoas. Você já tentou conversar com alguém que estivesse usando óculos escuros? Esta é uma experiência muito irritante porque ela o priva do contato ocular. O contato ocular pode dar sinais sobre aquilo que uma pessoa gosta ou não, e sobre as suas reações imediatas. Geralmente, o contato ocular é um sinal de aprovação, interesse ou afeição. Quando você olha para a outra pessoa, na verdade você está dizendo: "Você me interessa". É claro que o contexto é importante. O contato ocular em que a outra pessoa tem os olhos abertos e está sorrindo é muito diferente daquele em que alguém está com os olhos semicerrados e com uma expressão carrancuda! Em geral contato ocular é uma experiência positiva, mas há uma exceção. O olhar fixo — o contato ocular prolongado e intenso — é visto na maioria das culturas como um comportamento não-verbal ameaçador, e pode fazer com que os outros se retraiam com medo. Novamente, as pessoas com fobias sociais tendem a errar para menos, mantendo pouco contato ocular.

Outras expressões faciais também são importantes. Uma pesquisa interessante, realizada pelo dr. John T. Lanzetta *et al.*, em 1976, e pelo dr. Miron Zuckerman *et al.*, em 1981, mostrou uma interessante relação mútua entre as expressões faciais e nossos estados emocionais interiores. Realmente, as pessoas "mostram o que sentem" pela expressão de seu rosto. Por exemplo, usualmente o sorriso indica um sentimento de felicidade. O choro normalmente indica tristeza. Mas um resultado ainda mais interessante é que as pessoas também "sentem o que mostram". No experimento do dr. Zuckerman, os homens e as mulheres foram divididos em três grupos e viram videoteipes com cenas agradáveis, neutras ou negativas. Depois cada um dos grupos foi novamente dividido e recebeu instruções diferentes. Um terço das pessoas foi instruído a suprimir suas expressões faciais, um terço foi orientado a exagerar as expressões faciais, enquanto o outro terço não recebeu nenhuma instrução. As respostas fisiológicas eram monitoradas enquanto elas assistiam aos videoteipes, e depois de tê-los assistido deveriam avaliar suas respostas emocionais. Você consegue adivinhar os resultados? As pessoas que haviam exagerado suas expressões faciais foram mais reativas fisicamente e avaliaram suas experiências emocionais como mais intensas do que aquelas que haviam suprimido suas expressões faciais.

Então, o que isso tem a ver com habilidades sociais? Isso significa que se você aprender a parecer mais relaxado e à vontade numa situação social, há uma boa probabilidade de que possa aprender também a sentir-se mais relaxado e à vontade.

É muito comum que as pessoas com fobias sociais não mostrem uma grande variedade de expressões faciais, como se suas faces estivessem imobilizadas pelo medo. É importante seguir em frente e tentar mexer de algum modo os músculos faciais — por exemplo, deixe que um grande sorriso "pouse" suavemente em seu rosto. E veja se você não nota uma mudança no modo como se sente! No entanto, há mais um detalhe a ser lembrado. Tente perceber se suas expressões faciais são, na verdade, apropriadas para os seus sentimentos. É comum que as pessoas com fobias sociais, que não querem confusão com os outros, sorriam quando na verdade estão sentindo algo inteiramente diferente — como raiva. Você já viu alguém rindo enquanto descreve uma experiência ou emoção muito dolorosa? O riso pode ser uma forma de negar ou esconder outros sentimentos negativos. É importante que os seus comportamentos não-verbais sejam congruentes com a mensagem que você quer passar. Falaremos mais a esse respeito quando abordarmos a assertividade, no próximo item.

POSTURA CORPORAL E GESTOS

O modo como você posiciona seu corpo em relação ao da pessoa com quem está falando é outra dica sutil a respeito de seus sentimentos. Se você está com os braços cruzados e está inclinado para o outro lado, pode estar comunicando desinteresse, hostilidade ou medo. Por outro lado, se está olhando para a outra pessoa, sua atitude será interpretada como amigável e envolvida. Tente manter sua cabeça reta. Muitas pessoas com fobias sociais tendem a manter seus olhos no chão, como se estivessem procurando uma lente de contato! E observe também o que você faz com os braços e as mãos. Quando você está nervoso, é bastante comum brincar com algo nas mãos, talvez uma caneta ou um clipe. Esta é uma dica de que você está pouco à vontade, e pode fazer com que as outras pessoas se sintam impacientes. Pratique deixar seus braços descansando em seu colo, ou nos braços da cadeira; mas não seja tão rígido a ponto de não usar as mãos e os braços para descrever algo ou para dar mais ênfase. Pode ser uma boa idéia fazer um pouco de respiração compassada e exercícios curtos de relaxamento antes, e até mesmo durante uma conversa.

Aqui há muito em que se concentrar e lembrar, mas com a prática essas habilidades se tornarão uma segunda natureza.

Habilidades Sociais Verbais

Neste item abordaremos diversas habilidades sociais verbais básicas. Se isto for insuficiente para suas necessidades específicas, há uma lista de leituras adicionais no final do capítulo.

TELEFONEMA

Telefonar pode ser uma experiência assustadora para as pessoas com fobias sociais, especialmente para aquelas com fobias generalizadas. Uma mulher, que se tratava em nossa clínica, sentia-se incapaz de fazer qualquer telefonema, e raramente atendia o telefone quando estava sozinha em casa. A dificuldade parece estar na natureza imprevisível das chamadas telefônicas — você nunca sabe como será a pessoa do outro lado da linha: amigável e disposta a ajudar, ou "curta e grossa". Embora você não possa controlar as palavras ou o estado de espírito da outra pessoa, usar a etiqueta adequada ao telefone pode aumentar as possibilidades de receber uma resposta positiva ou de causar boa impressão.

Antes de discar, prepare-se. Se você estiver fazendo uma chamada de negócios, anote alguns pontos importantes que deseja abordar. Se for uma chamada pessoal, dispense este passo (embora ele não faça mal). Quando você fizer a chamada, deixe que o telefone toque dez vezes. Isto dará à outra pessoa aproximadamente um minuto para atender. Não existe nada mais irritante do que correr para atender o telefone, e ele parar de tocar depois de quatro ou cinco toques. Quando a pessoa atender, diga simplesmente: "Alô, meu nome é John Doe. Mary Smith está?". Se você pretende usar mais do que um ou dois minutos do tempo da pessoa, é gentil perguntar se este é um momento conveniente para a pessoa, ou se ela prefere que você ligue mais tarde. Se você só precisar de um minuto, diga à pessoa que o telefonema será breve e siga o seu plano. Ao concluir um telefonema profissional, agradeça a pessoa por sua atenção. Ao concluir um telefonema pessoal, você só precisa dizer algo como: "Gostei de ter falado com você", ou "Nos falaremos em breve".

Você pode incluir a prática de dar e receber telefonemas como uma parte de suas sessões de exposição. Lembre-se: você pode começar com exposições imaginárias e depois passar para exposições *ao vivo*. Seja criativo ao planejar suas sessões de exposição. Talvez você possa usar duas extensões no telefone de sua casa e praticar os telefonemas com um amigo com quem se sinta à vontade, ou com um membro da família. Você também pode combinar horários em que uma pessoa possa ligar para você, para praticar atender o telefone. Comece marcando um horário específico para a pessoa ligar para você (para lhe dar o conforto de um elemento previsível). À medida que progride, marque com a pessoa o telefonema, mas não o horário, ou marque um intervalo de algumas horas em que você planeje estar em casa. Lembre-se também de usar sua respiração compassada e as habilidades cognitivas de convivência para lidar com sua ansiedade antes, durante e depois da exposição. O item a seguir, sobre habilidades de conversação, também o ajudará a dominar o telefone.

A ARTE DA CONVERSA

Algumas pessoas têm aversão a aprender habilidades de conversa, por uma compreensão errônea de que a conversa informal está limitada, por definição, a fofocas e conversas sem significado algum. A conversa informal, na verdade, tem algumas funções importantes. Primeiro, mostra respeito pelas outras pessoas e por seus limites psicológicos. Em vez de mergulhar direto em questões íntimas e pessoais, é melhor aproximar-se gradualmente de alguém, seguindo convenções sociais reconhecidas. A conversa informal é um tipo de diversão que permite que você e a outra pessoa troquem sinais sociais não-verbais que ajudam na decisão de iniciar ou não uma conversa mais profunda. A outra pessoa está sorrindo? Sua linguagem corporal é receptiva? Sua aproximação foi interpretada de modo correto? Mantenha seus olhos e ouvidos atentos a esses sinais durante a fase de conversa informal; e assegure-se de que *seus* sinais não-verbais estão enviando a mensagem que você deseja. Essas mensagens não-verbais também fazem parte da arte da conversação!

Você não precisa de uma abertura muito original para iniciar uma conversa. É melhor que você seja sincero e autêntico. Pode ser suficiente dizer olá e apresentar-se. Se você está numa festa, pode ser bom dizer também qual o seu relacionamento com o dono da casa. Por exemplo: "Olá! Meu nome é Charlie Goodman. Eu trabalho com o

George". Você tem uma ligação natural com qualquer pessoa na festa pois, de alguma forma, todos conhecem o dono da casa. Uma pergunta que você pode fazer depois de se apresentar, pode ser: "De onde você conhece George?".

Depois da fase de apresentação você deverá assumir alguma responsabilidade pela manutenção da conversa se quiser que esta continue. A ansiedade em relação ao que dizer é freqüentemente mencionada pelas pessoas que ficam nervosas em encontros com indivíduos do sexo oposto. Os mesmos princípios se aplicam, seja com um novo amigo ou com um namorado em potencial. Você tem de tomar parte na manutenção da conversa. É muito comum que pessoas com ansiedade social deixem toda essa responsabilidade para a outra pessoa. Mas depender apenas do outro para manter e alimentar a conversa o colocará numa posição vulnerável.

Quando você recusa a responsabilidade, também deixa de ter qualquer controle sobre o resultado — e uma pessoa encantadora pode sair de sua vida para sempre. Mantenha em mente sua meta durante a conversa (um encontro, um contato de negócios ou um romance duradouro) e envie mensagens não-verbais tão claras, sinceras e apropriadas quanto as mensagens que escolheu dizer com palavras.

Vamos examinar várias estratégias-chave para manter viva uma conversa.

Faça perguntas. Uma das regras mais importantes é usar questões abertas. Perguntas fechadas são aquelas que podem ser respondidas com um simples sim ou não, e não ajudam em nada numa conversa. Elas devolvem a bola para você rápido demais. Por exemplo, se você perguntar a alguém: "Você gosta de seu trabalho?", a outra pessoa pode simplesmente responder, "Sim". Depois disso, você tem de pensar em algo para dizer. E um bombardeio de perguntas pode deixar a outra pessoa com a sensação desagradável de estar sendo examinada.

As perguntas abertas, no entanto, exigem que a outra pessoa elabore mais e responda com mais de uma palavra. Elas comunicam à outra pessoa que você está interessado na forma como ela se expressa, e nas sutilezas de seus pensamentos e sentimentos. As pessoas normalmente gostam de falar sobre si mesmas, especialmente se a outra pessoa mostra um interesse genuíno. Da próxima vez que assistir a uma entrevista, observe como o entrevistador usa perguntas abertas para manter a entrevista viva.

Deixe que sua vulnerabilidade apareça. Em vez de pedir a um estranho que faça confidências ou que dê opiniões, você pode dar as suas. Na verdade, uma forma muito eficaz de quebrar o gelo pode ser simplesmente dizer a alguém, "Eu sempre fico tão nervoso em festas!", ou "Eu nunca sei o que dizer a alguém para quebrar o gelo". Está tudo bem em mostrar alguma vulnerabilidade; isto pode ser muito mais atraente do que outro início mais suave. (A *maioria* das pessoas se sente pelo menos um pouco nervosa em festas e fica um pouco intimidada com a perspectiva de iniciar uma interação social com um estranho, especialmente se ele for atraente). Em outras palavras, não tente aproximar-se de outra pessoa fazendo de conta que você é doce, legal ou agressivo — seja você mesmo, e creia que modos abertos e gentis têm muito valor no meio social.

Ouça. Outra forma importante de continuar a conversa é tornar-se um ouvinte habilidoso. Isto pode parecer muito fácil, mas pode ser mais difícil do que você pensa: ouvir não é apenas uma habilidade passiva. Se você estiver ansioso e preso a suas próprias preocupações (Será que ela percebeu que eu estou suando? Meu coração está tão disparado!), provavelmente mostrará, em seu jeito de ouvir ou em suas respostas, que não está prestando atenção. A outra pessoa pode não saber o que está acontecendo com você. Ela pode simplesmente interpretar a sua falta de atenção como indiferença. Lembre-se de que os outros também têm suas próprias inseguranças. Eles querem ser apreciados, querem sentir que estão sendo interessantes e divertidos. Uma técnica útil para mostrar o seu interesse é usar habilidades de audição *ativa*. Reitere ou diga em outras palavras aquilo que a pessoa disse: "Você disse que..." ou "É tão interessante que você pense que...". (No entanto, não seja um eco. Você deve acrescentar algo ao que a outra pessoa disse, não apenas repeti-lo.) Outra habilidade de audição ativa ligeiramente mais difícil é refletir de volta para a pessoa o sentimento que você percebeu na comunicação dela. Por exemplo, se alguém está falando sobre o fato de não gostar de seu trabalho, você poderia dizer algo como: "Parece ser muito frustrante". Está tudo bem se você não pegar o sentimento exato. A outra pessoa pode corrigi-lo: "Frustrante não é bem a palavra. Eu estou tão esgotado que quase não consigo mais suportar". Mesmo que você não acerte logo de cara, a pessoa gostará de perceber que você está tentando entendê-la.

    Pode ser um bom exercício passar algum tempo ouvindo as conversas dos outros (cafés e ônibus são bons lugares para isso). As pessoas estão usando habilidades de audição ativa? Elas realmente estão respondendo ao que a outra disse; ou apenas estão seguindo o seu próprio *script*, usando a outra pessoa como uma caixa de ressonância? O que está sendo dito com a linguagem corporal e não em palavras?

Você pode ficar surpreso como a maioria das pessoas é inarticulada em suas conversas. Aquele diálogo inteligente que ouvimos em filmes e lemos em livros foi construído pelos artistas: os diálogos reais soam completamente tolos quando são transcritos. As pessoas tendem a falar em grunhidos semi-articulados e em frases incompletas, especialmente nos Estados Unidos. Então, quando você tiver um diálogo que não seja tão inteligente quanto os de um personagem de Raymond Chandler, seja gentil consigo mesmo. Se estiver ouvindo e respondendo de verdade, você será um dos americanos com mais habilidades de conversa.

Abertura Pessoal. Compartilhar seus pensamentos e sentimentos, suas impressões e associações pode ser muito assustador se você tiver uma fobia social. Sua inclinação natural pode ser manter-se tão oculto quanto possível; e usar uma máscara quando for necessário expor-se. Talvez você sinta que as pessoas fugiriam horrorizadas se o conhecessem "de verdade".

Esses sentimentos são causados pela baixa auto-estima, e não refletem a realidade. Você pode usar as habilidades que já aprendeu para refutar os pensamentos não-adaptativos ("Eu sou uma pessoa boa e carinhosa, e tenho tanto direito de ter relações sociais significativas quanto qualquer outra pessoa nesta festa."). Se você não mostrar nada a seu próprio respeito, as pessoas podem interpretar essa atitude como seca e desinteressada, ou até mesmo desdenhosa.

Como observamos antes, quando está conhecendo uma pessoa, você deverá escolher o que vai compartilhar. Você provavelmente não irá querer falar em detalhes sobre o divórcio amargo e confuso pelo qual acabou de passar, se estiver numa festa, conversando pela primeira vez com alguém. Mantenha a conversa leve. Fale sobre seus interesses — um livro que você acabou de ler, um filme que está em cartaz, ou o tipo de trabalho que você faz. É uma boa idéia tentar manter-se a par dos acontecimentos atuais. Desta forma você sempre terá diversos temas de conversa disponíveis. Mais tarde, quando estiver realmente desenvolvendo uma amizade ou um relacionamento com alguém, você poderá passar para informações mais pessoais. Use o seu bom senso, e tente manter a conversa apropriada às circunstâncias e ao estado de espírito à sua volta. (Quando a outra pessoa se inclina para trás e comenta a beleza das estrelas, e como as estrelas sempre o fazem sentir-se apaixonado e romântico, *não* é o momento para lembrar daquilo que você leu na última revista semanal). O momento é importante. Você não quer compartilhar muito, nem cedo demais, embora este raramente seja o caso das pessoas com fobias sociais. Uma forma de julgar se você está indo num ritmo que é confortável para a outra pessoa, é guiar aquilo que você compartilha pelo que ela compartilha. Se você compartilhar os seus sentimentos sobre alguma coisa, e isto não ameaçar o conforto da conversa, provavelmente a outra pessoa irá compartilhar algo que tenha a mesma intensidade. Esta não é uma regra imediata e imutável, é apenas uma dica. Siga as circunstâncias, o contexto e, acima de tudo, o estado de espírito da outra pessoa. Ela lhe dará sinais se você acertar o alvo.

FAZER E RECEBER ELOGIOS

Fazer e receber elogios é outra habilidade social importante. Elogiar alguém pode ser uma boa forma de começar uma conversa; mas há algumas coisas que devem ser lembradas. Antes de mais nada, o elogio tem de ser sincero! Não diga que você gosta da gravata de alguém se por dentro estiver pensando: "Esta é a cor mais horrorosa que já vi". Tente fazer um elogio específico, assim ele será mais significativo. Se você disser apenas "Você está bonita hoje" ou "Eu gosto da sua roupa", a outra pessoa não saberá especificamente do que você gosta. É melhor dizer algo como: "Eu gosto da combinação entre sua echarpe e seu vestido". E lembre-se: os elogios não precisam basear-se apenas na aparência. Na verdade, os elogios mais significativos freqüentemente se referem a outros aspectos do comportamento ou da personalidade da pessoa (por exemplo: "Você realmente parece ter jeito com as crianças!" ou "Foi uma ótima palestra").

Receber elogios pode ser difícil se você foi educado para ser modesto e auto-anular-se. A menos que esteja no Japão ou em alguma outra cultura em que a modéstia é *obrigatória*, você deve resistir ao impulso de responder quando alguém lhe faz um elogio. Um elogio é como um presente, e responder seria como franzir o nariz para um presente — um comportamento muito deselegante! Responder ou discordar de um elogio pode fazer com que a outra pessoa sinta-se tola por tê-lo elogiado. No mínimo, diga "Obrigado" como uma forma de reconhecer o que a outra pessoa disse. Se for possível, diga alguma coisa de modo que a pessoa saiba que você gostou do elogio. Por exemplo, você pode dizer: "Obrigado. Eu procurei muito até encontrar uma echarpe que combinasse com este vestido. Fico feliz que você tenha notado!".

HABILIDADES DE COMUNICAÇÃO ASSERTIVA

Você pode ter dificuldade para expressar abertamente alguns de seus pensamentos e sentimentos, como resultado de sua ansiedade social. Se isto for um problema para você, seria bom trabalhar com as suas habilidades de comunicação assertiva. Encontramos algumas pessoas em nossa clínica que relutaram em trabalhar para se tornar mais assertivas porque pensavam que estávamos sugerindo que se tornassem mais agressivas e detestáveis. Nada poderia estar mais distante da verdade!

Uma *comunicação assertiva* é uma expressão honesta e direta de seus pensamentos, sentimentos e desejos, simultaneamente tendo em mente e respeitando os direitos e sentimentos dos demais. Quando você está se comportando assertivamente, você se expressa de um modo sem julgamento e não ameaçador. Você assume a responsabilidade pelos seus atos. O objetivo da assertividade é a comunicação.

A *comunicação passiva* e a *comunicação agressiva* são dois estilos alternativos, mas inferiores de expressar o que você deseja.

A comunicação passiva envolve uma falta de disponibilidade para expressar abertamente seus pensamentos e sentimentos. Em geral ela resulta de pensamentos não-adaptativos como: "Eles vão ficar com raiva", "Eles não vão gostar de mim", "Eu não posso lidar com o conflito, então é melhor evitá-lo", "Eu não tenho direito de reclamar". Quando você se comunica passivamente, está colocando os desejos e as necessidades das outras pessoas à frente dos seus. E também está recusando a responsabilidade por sua própria felicidade, esperando que alguém seja capaz de ler sua mente e responder às suas necessidades. Esta pode ser uma fantasia agradável, mas é um modo impraticável de tentar satisfazer às suas necessidades. O objetivo não-expresso da comunicação passiva é tipicamente evitar a raiva ou a desaprovação das outras pessoas.

Por outro lado, a comunicação agressiva caracteriza-se por colocar suas necessidades ou desejos de um modo que desconsidera os sentimentos das outras pessoas. Se você se expressa desta forma, será agressivo, egoísta e não estará disposto a negociar. Freqüentemente, o objetivo da comunicação agressiva é ferir (antes de você ser ferido) ou vingar-se de um erro anterior de alguém. Em outros casos, a pessoa pode não ter amadurecido emocionalmente o suficiente para usar um estilo de comunicação mais aceitável do ponto de vista social (crianças de dois anos de idade são tipicamente agressivas ao expressar seus desejos e necessidades). Cada um dos tipos de comportamento descritos tem suas conseqüências. Se você aprender a ser assertivo, é mais provável que consiga satisfazer às suas necessidades, porque as outras pessoas terão consciência do que você deseja sem que os sentimentos delas sejam feridos. Algumas pessoas que estão acostumadas a usar o estilo passivo sentem-se "egoístas" quando tentam comportar-se assertivamente. Tenha em mente que assertividade é generosidade, pois você está dando sinais claros daquilo que deseja, e ao mesmo tempo dando aos outros a oportunidade de recusar se as suas necessidades entrarem em conflito com as deles.

Em contraste, quando você se comunica agressivamente, é mais provável que tenha dificuldades para relacionar-se com as pessoas. Você pode fazer com que os outros fiquem com raiva e ressentidos, e pode ter mais dificuldade ainda em conseguir o que deseja. Por outro lado, o comportamento passivo pode levá-lo a sentir-se ansioso, com raiva, deprimido e incapaz. É pouco provável que suas necessidades sejam satisfeitas se você não expressá-las; e as outras pessoas podem experienciar frustração ou desconforto quando estiverem interagindo com você, se você não expressa suas próprias necessidades.

Você pode estar pensando, "Isto faz sentido, mas como posso ser realmente mais assertivo?". Talvez a habilidade de comunicação mais importante que você deva praticar seja expressar-se com *afirmações-eu*. Uma afirmação-eu é uma frase que começa com a palavra "eu" e que comunica diretamente o que você está pensando ou sentindo. Veja alguns exemplos de afirmações-eu:

- Eu estou feliz que você tenha me convidado para jantar.
- Eu fico com raiva quando você ri de mim na frente de outras pessoas.
- Eu gostaria de ir ao cinema neste fim de semana.
- Eu sei que você está *estressado* no trabalho, mas eu preciso ficar mais tempo com você.

Agora que você tem uma compreensão geral do que significa ser assertivo, vamos abordar duas habilidades importantes ligadas à assertividade e que são especialmente úteis para as pessoas que têm fobias sociais: fazer e recusar pedidos.

Fazendo pedidos. Fazer pedidos pode ser uma tarefa difícil para pessoas com fobias sociais. Você pode sentir que não tem o direito de pedir algo que deseja. O melhor modo de contornar essa crença não-adaptativa é submetê-la à refutação lógica, como já discutimos em capítulos anteriores ("Será que eu não tenho tanto direito quanto os outros de pedir aquilo que desejo? O que é que me torna especialmente não merecedor de ter minhas necessidades satisfeitas? Um observador acharia que isto é lógico e justo?"). Você pode aprender a pedir aquilo de que necessita, com um pouco de prática e com a mudança em suas crenças não-adaptativas. É claro que pedir não garante que você consiga o que quer, mas certamente aumenta as suas chances!

Por exemplo, imagine que você gostaria que seu marido a ajudasse a limpar a casa antes que seus pais chegassem para jantar. Um pedido assertivo poderia ser: "Eu quero que a casa esteja bonita quando meus pais chegarem. Eu realmente gostaria que você passasse o aspirador na sala". Observe como o pedido é específico e direto. Seu marido recebeu uma mensagem clara sobre o que fazer para agradá-la.

Uma atitude muito menos eficaz seria fazer uma crítica agressiva ao comportamento de seu marido: "Você nunca me ajuda e a casa está uma bagunça". Provavelmente, seu marido responderia defensivamente e poderia começar a dizer como a ajuda na limpeza da casa. Como você pode ver, isto facilmente virará uma briga, e é pouco provável que você alcance os resultados que deseja.

Se você for passiva no modo como expressa suas necessidades, você pode dizer algo assim: "Eu gostaria que a casa estivesse limpa quando meus pais chegassem". Isto pode não ter nenhum efeito em seu marido (você não deu nenhuma pista sobre como ele poderia ajudar) e você pode ficar frustrada porque seu pedido oculto simplesmente não foi intuído. Muitas pessoas passivas — e muitos maridos — caem na armadilha de esperar que os outros sejam telepatas. Não importa o quanto duas pessoas são íntimas, elas ainda precisam comunicar de modo claro e preciso as suas necessidades para que seu relacionamento possa ser duradouro. As pessoas que gostam de você se sentem bem quando você lhes diz como elas podem contribuir para a sua felicidade e o seu bem-estar.

Vejamos um outro exemplo que pode ser muito significativo para alguns de vocês: convidar alguém para sair. Este é um pedido difícil de fazer por diversas razões. Uma delas é que é típico que a ansiedade de qualquer pessoa aumente nessa situação, que está cheia de possibilidades de rejeição. Você está se expondo para alguém cuja resposta é muito importante — e isto não é fácil. E para tornar as coisas ainda piores, não tem controle sobre a resposta do outro.

Na verdade, há diversas coisas que você pode fazer para melhorar as suas chances. Para começar, não diga: "Você vai estar ocupada na sexta à noite?". Esta é uma das perguntas fechadas que já discutimos antes. É possível que a pessoa diga: "É, eu estarei ocupada", e você ficará sem saber se ela estaria interessada em sair com você. Seria melhor dizer algo como: "Eu estou querendo ver o novo filme de Spike Lee. Você já o viu?". Embora esta ainda seja uma pergunta fechada, ela dá a oportunidade para que a pessoa responda sim ou não, faça uma afirmação-eu ("Eu também estou querendo ver esse filme" ou "Eu detesto os filmes de Spike Lee!") ou o encoraje, se for isto que ela quiser ("Eu estou querendo ver esse filme, mas não queria ir sozinho — às vezes as multidões são tão chatas!"). Se a pessoa parecer interessada, vocês então poderão continuar e marcar um dia e horário. Tente ser simples e claro, e mantenha a sua linguagem corporal alinhada com seus sentimentos. E se você é uma mulher, lembre-se de que é perfeitamente aceitável que você convide um homem para sair. Graças a Deus, os tempos mudaram!

Não pense que para convidar alguém para sair você precisa ter uma presença e um charme maravilhosos. Sorria, faça contato ocular e mantenha a sua postura aberta — essas são as coisas importantes. Uma atitude amigável e direta funciona melhor. Digamos que você tenha encontrado alguém numa festa ou numa aula e gostaria de conhecê-lo melhor. Simplesmente, diga-lhe como se sente, e depois da sua afirmação-eu faça um pedido assertivo. "Eu gostei tanto de conversar com você. Você gostaria de jantar comigo neste fim de semana?". Ou, então, você pode dizer algo assim: "Acho que seria divertido nos encontrarmos fora da aula. Eu normalmente faço caminhadas aos domingos — você gostaria de ir comigo?".

Se a pessoa recusar, seja gentil e deixe a porta aberta para possibilidades futuras. "Que pena que você não pode ir. Se quiser ir outro dia, diga-me." É improdutivo — e ruim para sua auto-estima — ficar repassando as circunstâncias de uma rejeição. Elogie-se por ter tentado e vá em frente com sua vida. Como diz um antigo ditado, existem outros peixes no mar!

Recusando pedidos. Esta é outra situação difícil para as pessoas com fobias sociais. Quantas vezes você concordou com algo, apenas para se arrepender no momento seguinte? Ser assertivo a respeito do que *não* quer é tão importante quanto ser assertivo a respeito daquilo que você *quer*.

O primeiro passo neste processo é julgar se o pedido é ou não razoável. Só você pode decidir isto. O que pode ser razoável para uma pessoa pode estar completamente fora de questão para outra. Você tem de considerar a sua própria situação (em outras palavras, deve considerar — e respeitar — as suas próprias necessidades). Sua intuição também é um fator importante. Talvez você tenha uma sensação de que quer dizer não. Ou talvez precise de mais informação antes de tomar uma decisão. Por exemplo, você pode perguntar à outra pessoa: "Se eu concordar, o que terei de fazer?". Também é correto pedir algum tempo e dizer: "Eu preciso pensar a respeito". Às vezes é necessário dar uma resposta imediata, mas normalmente este não é o caso. É muito melhor dar-se algum tempo e considerar cuidadosamente sua resposta, do que dizer sim quando você não terá condições para isto — e só criará mal-estar depois. Se você estiver se sentindo hesitante, manipulado, ou acuado, este pode ser um sinal de que você quer dizer não. Ouça os seus sentimentos. As pessoas com fobias sociais tendem a dar mais importância às necessidades dos outros do que às suas próprias, e isto torna dizer não especialmente difícil.

Como você recusa um pedido? Tão diretamente quanto possível. Dê um simples não, e evite uma longa justificativa. Se você se sente obrigado a dar um motivo, faça-o de modo curto. Tente evitar desculpas excessivas. Por exemplo, talvez uma amiga tenha-lhe pedido para cuidar de seus filhos por duas noites enquanto ela estiver fora da cidade numa viagem de negócios; mas nessas datas seu pai e sua mãe estarão lhe fazendo uma visita. Sua casa já estará cheia e você não terá condições de receber mais nenhum hóspede. Você poderia dizer: "Eu realmente adoraria, e em outras circunstâncias eu diria sim. Mas meu pai e minha mãe estarão nos visitando e, sendo assim, tenho de lhe dizer não". Você deixou clara a sua posição, e disse não sem afastar sua amiga. Você também considerou e respeitou as suas próprias necessidades.

Fazendo uma Apresentação

Deixamos este item para o final, por dois motivos. Primeiro, muitos de vocês acharão que esta habilidade é a mais desafiadora entre as que examinamos até agora. Segundo, fazer uma apresentação é uma tarefa complicada que envolve muitas das habilidades sociais verbais e não-verbais que já abordamos. Daremos orientações gerais, mas livros inteiros foram escritos sobre este tópico. Por favor, recorra às leituras recomendadas no final do capítulo se quiser aprender mais.

PREPARANDO SUA APRESENTAÇÃO

Você precisa fazer a si mesmo algumas perguntas importantes antes de começar a preparar sua apresentação. Em primeiro lugar, quem é a sua audiência? Quais são as características dela? Qual o nível de instrução? Haverá homens, mulheres ou ambos? Eles estarão lá porque querem ou porque foram convocados? Quanto mais você souber sobre a audiência, mais capaz será de direcionar sua apresentação.

Outra questão importante é: o que você quer transmitir para a audiência? Você quer dar informações? Você quer diverti-la? Você quer convencê-la? Qual é o tema geral de sua apresentação? As respostas a estas perguntas devem estar claras em sua mente antes de você começar.

É desnecessário dizer que você pode esperar alguma ansiedade ao antecipar sua apresentação. Não permita que a ansiedade o domine. Se "tentar não pensar a respeito" e, portanto, não se preparar, você terá realmente algo com que se preocupar no grande dia! É melhor preparar-se algumas semanas antes, dependendo da duração e da natureza de sua apresentação.

Dê a si mesmo tempo suficiente para escrever suas idéias principais. Quais são os pontos mais importantes que você deseja enfatizar? Abaixo de cada um desses pontos importantes, liste as informações que usará para exemplificar. Talvez você tenha uma história para ilustrar o seu ponto, ou talvez haja uma estatística. Esses aspectos principais e suas informações formarão a estrutura principal de sua apresentação. Você vai ordená-los segundo a natureza de sua fala (a maioria das apresentações conta algum tipo de história, e toda boa história tem começo, meio e fim). Escreva esses pontos usando palavras-chave em cartões numerados com tamanho de 7 cm × 13 cm ou 13 cm × 18 cm — mas não redija cada ponto. Você quer *contar*, não *ler*, uma história para sua audiência.

O próximo passo é preparar a abertura. A primeira ou as duas primeiras frases devem prender a atenção das pessoas. Pode ser uma anedota relevante para o seu tópico, algo com que a audiência possa se relacionar pessoalmente, ou algum dado estatístico surpreendente. Embora você possa iniciar com um comentário bem-humorado, tenha a certeza de que se sente completamente à vontade com esta abordagem. Não há nada pior para um palestrante do que contar uma piada que não "pega". Não se esqueça de que comédia é uma habilidade que os atores levam anos para aprender.

Uma boa idéia é escrever sua frase de abertura palavra por palavra, ao contrário do resto da palestra. Se você prefere memorizar, tudo bem.

Isto o ajudará a sentir-se menos ansioso. Na maioria das situações, é desnecessário e até mesmo prejudicial memorizar totalmente sua palestra. (As exceções referem-se aos casos em que a palestra será extensamente citada e analisada pela imprensa e, então, você provavelmente desejará ter algum grau de controle sobre cada palavra que disser. Felizmente, poucas pessoas têm de enfrentar situações como esta!) Em geral é melhor falar diretamente para a audiência, recorrendo a seus pontos-chave quando necessário.

Bem, agora que você já preparou a abertura e o corpo de sua palestra, você só precisa de um fechamento. Em muitas situações, este é o momento de dizer que tipo de manifestação você gostaria que sua audiência tivesse como resultado de sua apresentação. Se você apresentou alguma informação controvertida, talvez queira pedir que as pessoas a considerem com mente aberta. Talvez você queira que escrevam a seus representantes no governo, a respeito do tema discutido. Cada apresentação exige um tipo de ação, ou simplesmente uma reação, no caso de sua fala ter sido dramática ou emocional. A afirmação final é outra parte de sua apresentação que você pode querer escrever palavra por palavra.

Use uma linguagem simples e direta em sua fala. Apresentações não são o momento para tentar impressionar as pessoas com palavras difíceis (embora a linguagem adequada vá depender de sua audiência). Use letras grandes para escrever seus pontos-chave e suas frases de abertura e de encerramento em seus cartões. Deixe bastante espaço entre as linhas. Você pode usar tintas de várias cores. O importante é que você possa ler facilmente os cartões enquanto estiver falando.

PRATICANDO SUA APRESENTAÇÃO

Tente terminar os passos acima alguns dias antes da data de sua apresentação. Seria ótimo se você estivesse com isto pronto uma semana antes; mas sabemos que em nossa vida corrida isto nem sempre é possível. De qualquer modo, quanto mais tempo você tiver, melhor.

A próxima coisa a fazer é praticar e ajustar o tempo de sua apresentação. Isto o ajudará a saber se você precisa dar mais informações ou se precisa cortar algo. Repetir diversas vezes a sua palestra o ajudará a ficar mais confiante. Você tem várias opções para estruturar as suas sessões de prática.

Antes de qualquer coisa, com uma exposição tão intensa, é uma boa idéia fazer algum trabalho imaginário antes de começar as práticas *ao vivo*. Reveja as técnicas do Capítulo 9 para realizar sessões de exposição imaginárias e *ao vivo*. Lembre-se de incluir algumas "práticas de erros" como parte de sua preparação. Quando você estiver pronto para começar a praticar a sua apresentação, peça ajuda a algum amigo ou parente. Faça sua apresentação para ele, e peça que ele lhe dê *feedback*. Você falou depressa demais, ou mexeu suas mãos nervosamente? Você falou alto e claro? Eles entenderam os pontos principais de sua fala? A duração da palestra foi adequada? Certifique-se de ter pedido ajuda a alguém que vai lhe dar um *feedback* construtivo.

Uma outra opção é gravar sua palestra em fita de áudio ou de vídeo e, depois, criticar sua apresentação. Não seja duro demais consigo mesmo. O objetivo é aprender com essa sessão de prática, não criticar todos os pequenos detalhes. Pode ser que você precise praticar diversas vezes — e cortar algumas coisas — antes de se sentir à vontade com o que vai falar. E se for possível, pratique pelo menos uma vez no local em que irá falar.

FAZENDO SUA APRESENTAÇÃO

Chegou o dia de sua apresentação. Você preparou cuidadosamente sua palestra. Você praticou. Você está pronto. Mas você está muito nervoso!

Está tudo bem. Mesmo atrizes famosas como Joan Rivers e Barbara Walters admitem que ficam nervosas antes de fazer uma apresentação. E o que elas fazem? As pessoas que se apresentam com freqüência aprendem a fazer com que o nervosismo trabalhe a seu favor. Na verdade, transformam ansiedade em animação. Faça o que puder para controlar sua ansiedade antes e durante a palestra (ver o Capítulo 5); mas se sobrar algum nervosismo, chame-o de entusiasmo e animação e não de medo e ansiedade. Pense em quanto você tem para compartilhar com a audiência. Afinal, ninguém lhe pediria para falar com o grupo se você não tivesse algo valioso a oferecer. Na maioria dos casos, a audiência é receptiva; as pessoas não estão lá para tornar sua vida miserável!

Você provavelmente será apresentado por alguém antes de começar a sua palestra. Depois da apresentação, agradeça a pessoa e, então, cumprimente a audiência. Se tiver um amigo na platéia, olhe para ele. Isto lhe dará confiança. Se não conhecer ninguém na platéia, escolha um rosto simpático para se focar por um momento. Então, respire profundamente e comece. Você tem os seus cartões para se apoiar. Olhe-os de vez em quando, mas não os leia. Lembre-se: você não deve escrever palavra por palavra em seus cartões, com exceção das frases de abertura e de encerramento. Olhe freqüentemente para a sua audiência (ou para a câmera, se você estiver na TV) durante toda a palestra. Use gestos quando for apropriado, mas tente evitar os movimentos nervosos (sacudir o cabelo, arrumar as roupas).

Você pode ter uma sessão de perguntas e respostas depois de sua palestra. Algumas pessoas preferem encorajar a platéia a fazer perguntas durante a palestra, enquanto outras pessoas acham que isso as atrapalha e preferem que a audiência deixe as perguntas para o fim. Aqui vão algumas dicas para a fase de perguntas e respostas. Não fique em pânico se ninguém fizer perguntas imediatamente. Isto não significa que não gostaram de sua palestra. As pessoas na platéia podem ficar um pouco inibidas no início quando vão chamar a atenção individualmente sobre si mesmas. Você pode ajudá-las preparando uma pergunta para si mesmo. Você poderia dizer: "As pessoas me perguntam freqüentemente a respeito de _____". Em geral isso será suficiente para fazer com que as pessoas comecem a perguntar. É uma boa idéia repetir a pergunta feita pelas pessoas da platéia, para ter a certeza de que todos a ouviram. Assegure-se, também, de que você ouviu! Você pode fazer uma pequena pausa para pensar em sua resposta. E não tenha medo de dizer: "Eu não sei", se você não souber. Além disso, seja paciente. É comum que alguém faça uma pergunta "boba" ou que você já tenha respondido durante a palestra (ou mesmo que alguém repita a pergunta de outra pessoa!). Você, acima de todas as outras pessoas, deve ser compreensivo com o nervosismo que provoca enganos.

Uma dica final: não ultrapasse o tempo previsto. Se sua palestra foi agendada para trinta minutos, faça o possível para que ela tenha esta duração. As pessoas podem ter outros compromissos. É muito melhor terminar dentro do tempo previsto, do que ter pessoas saindo no meio de sua sessão de perguntas e respostas, ou ficando impacientes. Como dizem os grandes empresários, "Deixe-os querendo mais!".

Depois da palestra, sinta-se orgulhoso pelo que realizou. Dizem que as pessoas têm mais medo de falar em público do que medo da morte! Resista ao impulso de analisar cada pequeno detalhe de sua fala, ou da reação da platéia, na tentativa de encontrar defeitos em sua apresentação. Falar em público é uma habilidade cumulativa: quanto mais você o fizer, melhor ficará.

E Se Eu Precisar de Mais Ajuda para Aprender Habilidades Sociais?

Aprender habilidades sociais pode ser uma tarefa difícil para qualquer pessoa. Neste capítulo apresentamos uma visão geral muito rápida, que pode não ser suficiente para algumas pessoas. Tenha em mente que existem outros recursos disponíveis. A seguir, forneceremos uma lista de leituras recomendadas. Você também pode procurar as universidades de sua cidade, que podem ter cursos abertos ao público a respeito de assuntos como assertividade. Existem, também, grupos que ajudam os que querem melhorar suas habilidades de falar em público, como os *Toastmasters* nos Estados Unidos. E você pode pensar a respeito de ajuda profissional se precisar de apoio extra (ver o Capítulo 17).

Resumo

Algumas vezes os medos sociais podem estar relacionados a um desconhecimento ou falta de prática reais com habilidades sociais específicas. Por exemplo, uma pessoa pode não saber como começar uma conversa ou como convidar alguém para sair. Este capítulo reviu os aspectos básicos das habilidades verbais e não-verbais de comunicação, e incluiu uma orientação básica sobre como fazer uma apresentação.

Leituras Recomendadas

ALBERTI, R. e M. Emmons. *Your Perfect Right: A Guide to Assertive Behavior.* San Luis Obispo, CA, Impact, 1970.
BLOOM, L. K. COBURN; e J. PEARLMAN. *The New Assertive Woman.* Nova York, Dell, 1976.
DESBERG, P. e G. D. MARSH. *Controlling Stagefright: Presenting Yourself to Audiences from one to one Thousand.* Oakland, CA, New Harbinger Publications, 1988.
HANIGAN, M. *Secrets of Successful Speaking.* Nova York, Collier Books/MacMillan Publishing Company, 1980.
HOFF, R. *I Can See You Naked: A Fearless Guide to Make Great Presentations.* Nova York, Andrews e McMeel, Universal Press Syndicate Company, 1988.

12

E Se o Estresse Interferir em Meu Progresso?

Você pode ter feito progressos consideráveis em direção à sua recuperação da fobia social, seguindo os métodos descritos neste livro. No entanto, algumas pessoas descobrem que outros fatores estressantes da vida limitam o seu progresso. Se este for o seu caso, este capítulo pode ser uma parte importante de seu plano individualizado de recuperação.

DEFININDO O ESTRESSE

Você provavelmente tem uma idéia geral a respeito do que significa "estar estressado". Mas o que é realmente o estresse? O estresse é a tensão em seu corpo, que é resultado das exigências da vida. Chamamos a essas exigências de *fatores estressantes*. Por exemplo, dificuldades financeiras ou problemas de saúde podem consumir grande parte de sua energia e fazer com que você se sinta estressado. Você pode começar a ter dores de cabeça contínuas ou outros problemas físicos. Entretanto, o estresse não resulta só de acontecimentos negativos. Acontecimentos positivos, como casar-se ou começar num novo emprego, também podem levar ao estresse. Nós o ajudaremos a examinar as suas fontes pessoais de estresse.

Você não pode eliminar completamente o estresse de sua vida; na verdade, você não gostaria de fazê-lo. Todos precisam de algum estresse para sentir-se vivos e com energia. Imagine se você nunca tivesse de encarar um novo desafio! Você poderia ficar terrivelmente entediado — o que pode ser estressante por si mesmo. Embora não possa eliminar o estresse, você pode aprender a lidar de maneira mais eficaz com ele. Agindo assim, você pode se tornar mais saudável e aprender a sentir-se mais confortável e sob controle.

COMO SEU CORPO REAGE AO ESTRESSE

Hans Selye, que freqüentemente é chamado o pai da pesquisa de estresse, descreveu três estágios da mudança fisiológica pela qual seu corpo passa quando está sob estresse. O primeiro estágio é chamado de *estágio de alarme*. Quando você encontra uma situação estressante, seu corpo prepara-se para "lutar ou fugir". Neste momento, os batimentos cardíacos, a transpiração e a respiração se aceleram. As suas pupilas se dilatam e sua corrente sanguínea é inundada pela energia armazenada. Essas mudanças fisiológicas são úteis a curto prazo, e o tornam capaz de enfrentar as exigências da situação. A seguir, o seu corpo vai para o *estágio de resistência*, no qual a sua imunidade a doenças aumenta acima do normal. Finalmente, seu corpo fica sobrecarregado e você passa ao *estágio de exaustão*. Neste período o seu corpo já não tem mais as suas reservas normais de energia, e a sua resistência a doenças diminui. O tempo preciso deste processo vai variar, dependendo de diversas variáveis, inclusive das diferenças individuais e da natureza e da gravidade do fator estressante.

Isso significa que se você estiver sob estresse crônico, seu corpo pode sofrer. Diversas pesquisas recentes mostraram que o estresse é um fator provável no aparecimento de hipertensão, doenças cardíacas, enxaquecas e dores de cabeça causadas pela tensão, por úlceras e por condições asmáticas, para citar apenas algumas doenças. Além disso, o estresse crônico pode agravar alguns outros problemas médicos como artrite, alergias, doenças da pele e distúrbios gastrintestinais. Mesmo que você não tenha nenhuma destas condições, outros sintomas do estresse crônico podem incomodá-lo, como a irritabilidade e a fadiga.

O estresse também tem um papel em seu bem-estar emocional, pois o seu corpo e a sua mente estão intimamente ligados. Se estiver sob muito estresse, você será mais suscetível à ansiedade e à depressão. Na verdade, você pode não ter a energia que precisa para se dedicar a seu plano de recuperação da fobia social.

Benefícios para Administrar Seu Estresse

Caso você não esteja convencido de que administrar o estresse é uma boa idéia, veja uma lista de alguns dos benefícios de aprender a ficar mais relaxado em sua vida cotidiana.

- Você diminuirá o seu nível geral de ansiedade.
- Você pode aumentar a sua energia e ampliar a sua produtividade.
- Você vai adormecer mais facilmente e dormir melhor.
- Você vai se sentir menos irritadiço.
- Você diminuirá as chances de ter problemas psicossomáticos, como úlceras, enxaquecas, e assim por diante.

IDENTIFICANDO OS FATORES ESTRESSANTES EM SUA VIDA

O primeiro passo para aprender a administrar o seu estresse, é avaliar de onde ele vem. Existem mais fontes de estresse em nosso mundo moderno do que em qualquer outro período da História. O exercício a seguir o ajudará a localizar as diversas fontes de estresse em sua vida. Marque todos os itens abaixo que reflitam a sua experiência.

FATORES ESTRESSANTES EM MINHA VIDA

☐ **Fatores estressantes físicos.** *Exemplo*: Você trabalha constantemente sob a pressão de prazos, trabalha até tarde da noite, freqüentemente dorme pouco e engole rapidamente um sanduíche.

Anote qualquer fator estressante físico: _____

☐ **Fatores estressantes por doença ou ferimento.** *Exemplo*: Você recentemente feriu seu pescoço e suas costas num acidente de carro. E agora está tendo dificuldade para fazer o seu trabalho usual no escritório e tem de consultar regularmente o quiroprático.

Anote quaisquer fatores estressantes por doença/ferimento:_____

☐ **Fatores estressantes familiares:** *Exemplo:* Você vive em conflito constante com um parente. Outro exemplo seria tomar conta de um pai idoso.

Anote qualquer fator estressante familiar: _____

☐ **Fatores estressantes no trabalho:** *Exemplo:* Você se sente infeliz ou "sobrecarregado" em seu emprego. Outros exemplos incluem conflito com o chefe, ter trabalho demais para fazer, turnos longos, e assim por diante.

Anote qualquer fator estressante no trabalho: _____

☐ **Fatores estressantes financeiros.** *Exemplo*: Você foi demitido recentemente e está tendo dificuldade para pagar suas contas.

Anote qualquer fator estressante financeiro: _____

☐ **Fatores estressantes emocionais.** *Exemplo*: Você sempre se sente deprimido e se preocupa com tudo; ou você tem baixa auto-estima e sempre se diminui.

Anote qualquer fator estressante emocional: _____

☐ **Fatores estressantes de mudança.** *Exemplo*: Você mudou recentemente de emprego, mudou de casa, e está esperando o seu primeiro filho. (Mesmo quando as mudanças são positivas, elas podem ser fonte de estresse.).

Anote qualquer fator estressante de mudança: _____

☐ Outros fatores estressantes: _____

Algumas vezes, apenas identificar as fontes de seu estresse já é benéfico. Ao menos você sabe com o que está lidando. Quando coloca as fontes em categorias como estas, você pode ser capaz de pensar em formas de mudar sua situação de modo a diminuir o estresse.

Mesmo que não possa mudar nada em sua situação, você ainda pode mudar sua resposta a ela. Uma das formas básicas de mudar a sua resposta ao estresse é aprender a relaxar. No próximo item nós lhe mostraremos diversos métodos para ajudá-lo a relaxar. (Existem livros inteiros sobre este assunto. Você pode recorrer a um deles para complementar os métodos deste capítulo. Recomendamos dois deles, no final deste capítulo, que consideramos muito úteis.)

Aprendendo a Relaxar e Lidando com o Estresse

Você pode aprender a contra-atacar os efeitos físicos do estresse: os melhores instrumentos para isso são as técnicas de relaxamento. Quando falamos sobre relaxamento, neste contexto, não estamos simplesmente nos referindo a atividades relaxantes, como ouvir música ou ler um livro. Na verdade, focalizaremos algumas técnicas específicas que demonstraram ter alguns efeitos fisiológicos positivos no corpo, incluindo uma diminuição no ritmo cardíaco, na pressão arterial e na tensão muscular. Você já aprendeu um tipo de exercício de relaxamento, a respiração compassada, no Capítulo 5. A respiração compassada é especialmente indicada para lidar com a ansiedade aguda. As técnicas que descrevemos a seguir são melhores para diminuir os níveis crônicos de estresse.

Vamos examinar, então, as técnicas de relaxamento mais usadas.

RELAXAMENTO MUSCULAR PROGRESSIVO

Desde a criação do Relaxamento Muscular Progressivo (RMP), pelo dr. E. Jacobson, em 1929, uma parcela considerável de pesquisa realizada pelos doutores D. Bernstein e T. Borkovec demonstrou a eficácia desta técnica. Na verdade, o RMP é a técnica de administração da ansiedade mais pesquisada e, provavelmente, a mais conhecida. O RMP envolve tensionar e relaxar sistematicamente os vários grupos musculares. Quando você tensiona cada grupo muscular, presta atenção à sensação da tensão. E aí, quando permite que os músculos relaxem, você presta atenção ao contraste entre a tensão e o relaxamento. Esta técnica lhe dá os benefícios fisiológicos do relaxamento e também aumenta sua habilidade de reconhecer a tensão. Ao refinar sua percepção da tensão, o RMP pode ajudá-lo a perceber quais os grupos musculares que são os seus pontos problemáticos — onde você sente mais tensão — permitindo que os relaxe antes de ficar ansioso demais.

Um alerta antes de descrever detalhadamente o RMP: As pessoas com problemas nas costas ou no pescoço podem preferir não fazer os passos em que esses músculos são tensionados. Além disso, não tensione demais os seus músculos, especialmente enquanto estiver aprendendo a técnica.

Siga as instruções para experienciar o relaxamento muscular progressivo. Você pode gravar as instruções enquanto estiver aprendendo, de modo a não precisar recorrer continuamente ao livro para praticar a técnica. Existem também muitos livros que incluem instruções detalhadas, que podem ser seguidas. Depois de um certo tempo você memorizará a rotina e não precisará mais de uma fita (de qualquer forma, é melhor não depender demais dela, pois seu objetivo final é ser capaz de relaxar em qualquer lugar e a qualquer momento).

Encontre primeiro um lugar confortável para sentar-se ou deitar-se, para experienciar o RMP. Avalie o seu nível de ansiedade antes de começar, usando a escala de 0-10 que apresentamos no Capítulo 5. Você poderá acompanhar o seu progresso, avaliando o seu nível de ansiedade antes e depois de suas sessões de prática. Este é o procedimento básico a ser seguido em cada grupo muscular.

1. Comece com uma respiração profunda, abdominal. Você pode dizer silenciosamente a palavra "relaxe" ao expirar lentamente.
2. A seguir, tensione separadamente o grupo muscular específico.
3. Mantenha a tensão por cerca de cinco a dez segundos.
4. Então, solte lentamente a tensão.
5. Inspire profundamente, e diga em silêncio "relaxe", enquanto expira lentamente.

Agora, usando o procedimento descrito, vamos dar exemplos com os grupos musculares principais. Faça cada passo na seqüência apresentada. Lembre-se de respirar primeiro, tensionar o grupo muscular específico, manter a tensão, soltar o ar, e respirar novamente.

SUA CABEÇA

1. Junte firmemente os seus dentes e puxe os cantos de sua boca para trás, num sorriso forçado.
2. Feche com força os seus olhos.
3. Abra os olhos o máximo que puder.

SEU PESCOÇO E OMBROS
(Omita esta parte se você tiver problemas no pescoço.)

1. Pressione sua cabeça contra seu ombro direito, e depois contra o esquerdo.
2. Pressione seu queixo contra seu peito.
3. Incline sua cabeça para trás (mas não demais).
4. Levante seus ombros em direção a suas orelhas, encolhendo-os.

SUAS MÃOS E BRAÇOS
(Pode-se fazer cada lado separadamente.)

1. Feche suas mãos, apertando firmemente os punhos.
2. Tensione os músculos da parte superior de seu braço, fechando a mão em punho e dobrando o cotovelo.

3. Pressione sua mão firmemente sobre a superfície do local em que você está praticando.

SEU PEITO E PULMÕES

1. Inspire profundamente e solte o ar com força.
2. Tensione os músculos de seu peito.

SUAS COSTAS
(Omita esta parte se você tiver problemas nas costas.)

1. Curve suas costas.

SEU ABDOME

1. Empurre seu abdome para você o máximo que puder.
2. Encolha seu abdome, com força, em direção à sua coluna.

SEUS QUADRIS, PERNAS E PÉS
(Pode-se fazer cada lado separadamente.)

1. Tensione suas nádegas.
2. Empurre a planta de seus pés contra o chão (pressione os seus calcanhares, se você estiver deitado).
3. Aponte os dedos dos pés para baixo.
4. Flexione os dedos dos pés para cima.

RELAXAMENTO AUTÓGENO

A palavra *autógeno* refere-se a algo produzido sem influência ou ajuda externa. Em outras palavras, algo que você pode fazer por si mesmo. Esta técnica de relaxamento, desenvolvida pelos drs. J. Schultz e W. Luthe, começou como uma combinação de hipnose e autosugestão. Em sua forma atual, os exercícios autógenos são um meio de ajudá-lo a ensinar seu corpo a responder às suas instruções verbais. Este relaxamento difere do RMP pois não há tensionamento muscular. Em vez disso, você vai usar o poder de sua mente para mudar a reação de seu corpo ao estresse. A técnica básica consiste em concentrar-se nas diversas partes de seu corpo e permitir que os músculos relaxem. Uma parte importante é aprender a responder às diversas instruções verbais, observando as sensações específicas, como as de calor e de peso em seus músculos.

A seguir, você tem algumas instruções para o relaxamento autógeno. Lembre-se de avaliar o seu nível de ansiedade antes e depois de experienciar este método.

Um exercício de relaxamento autógeno. Sente-se ou deite-se confortavelmente. Comece com três respirações profundas e permita-se a começar a relaxar. Então, preste atenção em sua mão esquerda. Tome consciência da sensação em sua mão esquerda. Sintonize essas sensações. À medida que permite que sua mão relaxe, você notará que ela ficará ligeiramente mais quente. Diga a si mesmo: "Minha mão está quente e pesada". Permita que esse calor e esse relaxamento fluam por toda a sua mão. Depois de um certo tempo, você pode notar o calor agradável espalhando-se por seu pulso e seu antebraço. Gradualmente ele fluirá em seu cotovelo, em seu braço, e também em seu ombro. Diga: "Meu braço e meu ombro estão pesados, quentes, e relaxados". Observe por alguns momentos as sensações do relaxamento.

Se você quiser experienciar o relaxamento autógeno, repita as instruções descritas para cada uma das áreas corporais principais que relacionamos para o RPM. Você também pode intensificar as sensações de calor com imagens mentais. Por exemplo, você pode imaginar o sol brilhando sobre seu corpo, enquanto pratica esta técnica. Os dois livros que recomendamos no final deste capítulo contêm instruções detalhadas do relaxamento autógeno.

RELAXAMENTO COM IMAGENS

Um terceiro tipo de relaxamento inclui o uso de imagens. Esta técnica é diferente do relaxamento muscular progressivo e do relaxamento autógeno, pois você prestará atenção a uma cena e não a seu corpo. Por exemplo, muitas pessoas acham a praia muito relaxante.

A seguir, descreveremos um exercício de relaxamento com imagem. Você pode gravar esta descrição. Antes de começar, avalie o seu nível de ansiedade.

Um exercício de relaxamento com imagem. Imagine que você está andando numa linda praia com poucas pessoas. Você pode sentir o calor do sol brilhando sobre sua cabeça e seus ombros. Apenas observe como esse calor pode ser calmante. Você pode ouvir o som das ondas indo... e vindo..., indo... e vindo... Você pode sentir o leve cheiro de sal no ar, e o ar é puro e refrescante. Você se sente mais calmo, relaxado e sob controle cada vez que respira. Depois de algum tempo, você encontra um lugar confortável, e se deita. Quando olha para o céu, você nota como ele está azul. Algumas nuvens brancas e fofas passam pelo céu. Imagine como seria flutuar sem esforço nessas nuvens...

Este é apenas um exemplo do que você pode fazer com imagens. Crie uma cena que seja agradavelmente relaxante. Você pode escolher imagens de férias agradáveis que tenha tido, ou podem ser imagens de fantasia. Em geral, no relaxamento com imagens, as pessoas incluem cenas nos bosques, flutuar numa bóia numa piscina, cochilar numa rede, relaxar num prado, sentar-se perto de um riacho. As melhores cenas são aquelas que você consegue imaginar nitidamente. Concentre-se em todos os detalhes e use todos os seus sentidos para completar a imagem. Olhe ao seu redor. O que você vê? Em que lugar da imagem você está? Você está sentado ou em pé? O que você ouve? Qual é a temperatura? Que cheiros você sente? Como você se sente? O que mais você nota à sua volta? Assegure-se de se dar tempo suficiente quando estiver praticando relaxamento com imagens, de modo a aproveitar todos os benefícios desta técnica.

As técnicas de relaxamento com imagens não servem para todas as pessoas. Se você não tem uma imaginação vívida, pode achar este método muito chato e difícil. Tudo bem. Simplesmente escolha outro método entre os que sugerimos, ou entre os muitos outros que você pode encontrar em outros livros. No entanto, se gostar deste tipo de relaxamento e praticar esta habilidade, você será capaz de tirar férias mentais sempre que começar a se sentir ansioso.

Lidando com o Estresse, Mudando seu Estilo de Vida

Além de aprender uma técnica de relaxamento, você também pode fazer mudanças em seu estilo de vida para combater o estresse. Antes de qualquer coisa, examine sua alimentação. Um fator esquecido, mas que contribui para a ansiedade e o estresse, é a cafeína. Quanta cafeína você ingere por dia? Tenha certeza de levar em conta todas as fontes de cafeína. Embora o café seja a fonte principal, há muitas outras na alimentação norte-americana, incluindo chá, refrigerantes e chocolate. A cafeína pode deixá-lo agitado e nervoso. Se você ingere muita cafeína, pode tentar diminuí-la gradualmente e ver como se sente. Tenha calma e faça esta mudança lentamente! Cortar "de uma vez por todas" a cafeína pode lhe dar uma dor de cabeça horrorosa.

Examine também os seus hábitos alimentares em geral. Você está fazendo muito mal a si mesmo se costuma pular refeições, come em horários irregulares, ou faz dietas rígidas. Comer irregularmente devasta seus níveis de açúcar no sangue. E isto, por sua vez, afeta seu estado de espírito e contribui para aumentar os sintomas corporais de ansiedade. Quantas horas você dorme? Se você não dormir o suficiente, se sentirá grogue, agitado ou "fora do ar" Finalmente, veja se você se exercita regularmente. Mesmo que seja difícil ir a uma academia ou caminhar, lembre-se de que o exercício é um comprovado inimigo do estresse. Antes de iniciar um novo programa de exercícios, consulte um médico.

Fazer apenas uma destas mudanças em direção a um estilo de vida mais saudável pode significar um grande progresso para lidar mais eficazmente com o estresse.

Resumo

Algumas vezes, o estresse pode interferir em sua habilidade de se recuperar plenamente de uma fobia social. Embora você não possa eliminar o estresse de sua vida, pode aprender a lidar de modo mais eficaz com ele. O primeiro passo é identificar as fontes de estresse. Depois, aprender técnicas específicas de relaxamento e fazer outras mudanças no seu estilo de vida que o ajudem a sentir-se mais confortável e a controlar sua vida.

Leituras Recomendadas

CHARLESWORTH, E. A. e R. G. NATHAN. *Estresse Management: A Comprehensive Guide to Wellness*. Nova York; Atheneum, 1984.
DAVIS, M.; E. R. ESHELMAN e M. MCKAY. *The Relaxation and Stress Reduction Workbook*. Oakland, CA, New Harbinger Publications, 1988.

13

E Se Eu Tiver Outros Problemas?

Os métodos descritos nos capítulos anteriores levaram-no a uma redução significativa dos medos sociais. Se este é o seu caso, você não precisa deste capítulo. Entretanto, para outras pessoas a recuperação é mais difícil. Algumas vezes, a falta de progresso é causada pela presença de outro problema. Se esta for a sua situação, continue lendo. Este capítulo abordará alguns dos problemas emocionais ou interpessoais mais comuns, que podem dificultar a recuperação de uma fobia social. Vamos começar falando sobre a depressão.

Depressão

Todas as pessoas, de vez em quando, ficam de "baixo astral". Contudo, sentir-se deprimido torna-se um grande problema para algumas pessoas, o que pode impedir a recuperação adequada de uma fobia social. Num estudo realizado em 1990, o dr. Murray Stein e seus colegas descobriram que 35% das pessoas com fobias sociais haviam tido pelo menos um "grande episódio de depressão". O que isso significa exatamente? Alguns dos sintomas de um grande episódio de depressão são:

- estado de espírito deprimido (sentir-se "triste");
- diminuição do interesse e do prazer nas atividades diárias;
- distúrbios de sono (dormir demais ou muito pouco);
- distúrbios do apetite (comer demais ou muito pouco);
- fadiga;

- diminuição da concentração;
- sentimentos de ter pouco valor pessoal.

Por que razão as pessoas com fobias sociais ficam deprimidas? Há diversas explicações possíveis. Algumas vezes, a própria fobia social causa ou pelo menos contribui para a depressão. Todas as pessoas precisam de uma certa interação social para sentir-se felizes e contentes. Se você não tiver "contato com pessoas" suficiente, é natural que se sinta triste e solitário. Se tem evitado uma grande variedade de situações sociais e sua vida foi ficando cada vez mais limitada, a depressão não seria um resultado incomum. O mais provável é que à medida que você começar a lidar com os seus medos sociais e se tornar cada vez mais confortável em situações sociais sua depressão fique mais leve.

Outra explicação do motivo pelo qual as pessoas com fobias sociais podem ficar deprimidas está ligada ao pensamento não-adaptativo — ou, como uma pessoa os chamou, "pensamentos miseráveis". No Capítulo 6 vimos detalhadamente como os seus pensamentos contribuem para a sua ansiedade. De forma semelhante, os seus pensamentos também podem contribuir para que você se sinta deprimido.

Vamos voltar ao caso de Amy, a mulher que não conseguia urinar em banheiros públicos, mencionado no Capítulo 1. Amy culpava-se por ter um problemas tão "bobo". Durante uma sessão de terapia, ela exclamou cheia de frustração: "Existem tantos problemas no mundo e aqui estou eu, preocupada se serei capaz de urinar ou não! Sou tão idiota!".

É importante lembrar que ninguém escolhe ter uma fobia social, do mesmo modo que ninguém escolhe ter diabetes, por exemplo. Ambos são problemas reais, que merecem atenção e tratamento cuidadosos. Torturar-se não tem nenhuma utilidade; apenas faz com que você fique "encalhado" num estado depressivo e sem esperança. Os pensamentos negativos de Amy não se limitavam à crítica já feita. Ela também se achava um fracasso total como pessoa, apenas por causa dessa área problemática, não considerava todas as suas contribuições positivas, e só dava atenção à sua dificuldade em usar banheiros públicos. Um dos elementos freqüentes em seu diálogo interior era "Eu não tenho esperança. Eu nunca vou melhorar". Este pensamento era muito distorcido. Apesar de ter feito progressos consideráveis em sua terapia de exposição, ela menosprezava suas realizações, e escolhia dar atenção a tudo o que ainda tinha por fazer.

Há também outra explicação para o fato de pessoas com fobias sociais se tornarem deprimidas. Algumas vezes a depressão ou o sentimento de falta de esperança pode ser uma forma de fuga. Esse tipo de fuga pode ser difícil de reconhecer, pois você se sente genuinamente deprimido, e não sente que está fugindo de algo!

Então, como funciona essa estratégia de fuga? Experimente pensar em suas próprias experiências com as exposições. Quando você as estava planejando, se sentiu de "baixo astral", como se simplesmente não tivesse energia suficiente para completar a tarefa? Ou como se fosse inútil tentar? Você pode ter-se perguntado: "E se essa terapia de exposição for um amontoado de bobagens?". Você poderia estar pensando em não fazer a exposição. "Eu a farei amanhã, quando estiver me sentindo melhor".

Você está começando a ver como essa atitude depressiva é, na verdade, uma outra forma de fuga? Em vez de encarar a ansiedade que você experienciará durante a exposição, às vezes parece mais fácil, ou mais familiar, desistir: sentir-se sem esperança. Embora esta reação seja compreensível (ninguém gosta de se sentir ansioso!), ela é prejudicial a longo prazo. É ainda mais importante realizar as exposições que foram planejadas, nos dias em que você se sente mal. Você pode esperar por um longo tempo, até que o seu estado de espírito melhore antes de agir. Quase sempre, se você for em frente e fizer algo que está evitando, vai se sentir melhor depois. Algumas vezes, pode ser suficiente tomar consciência desse tipo de fuga para não cair nela.

Finalmente, é possível que os distúrbios de depressão e de ansiedade, como a fobia social, tenham alguns fatores desencadeantes em comum. Você pode ser vulnerável a ambos os tipos de problemas pela mesma razão, quer seja uma predisposição biológica herdada ou fatores ambientais que influenciaram o desenvolvimento dos dois distúrbios.

OUTRAS DICAS PARA LIDAR COM A DEPRESSÃO

Existem diversas outras sugestões para lidar com a depressão. Antes de tudo, tenha certeza de que você está reconhecendo suas realizações, não importa quão pequenas elas possam parecer. O único modo de mudar comportamentos é um passo por vez. Não importa quão pequenos esses passos possam parecer, eles são muito importantes. Se você tem dificuldade em reconhecer tudo o que fez, organize uma lista de suas realizações. Recorra a esta lista sempre que começar a só dar atenção ao que falta fazer. É bom olhar para as suas metas à frente, mas é igualmente importante elogiar-se pelo trabalho duro que fez.

Você pode também criar um tipo de sistema de recompensas para si mesmo. Por exemplo, Jennifer estava tendo dificuldade em reconhecer suas realizações, e então criou um sistema de recompensas muito simples, mas eficiente para si mesma. Todas as vezes que terminava uma exposição, ela se dava um ponto. Quando completava cinco pontos, fazia algo agradável para si mesma. Nenhuma de suas recompensas custava muito dinheiro: eram atividades simples e agradáveis, como tomar um banho de banheira com sais de banho, ou andar numa trilha próxima junto à natureza. Esse sistema de recompensas, na verdade, tinha diversas funções para Jennifer. Ela não só começou a perceber que estava fazendo progressos em direção a suas metas, mas também aprendeu a tratar-se com gentileza — algo que nunca havia feito antes. Você pode experienciar um sistema de recompensas durante algumas semanas para ver se sente algum benefício. Recorra ao Capítulo 14 para mais detalhes quanto à criação de um desses sistemas.

Se você estiver se sentindo deprimido, também será útil ter alguma atividade por todo o dia. Algumas pessoas, quando estão deprimidas, passam uma quantidade significativa de tempo na cama. Pode ser criado um círculo vicioso no qual você se sente deprimido, e então fica menos ativo. Quanto menos ativo ficar, mais deprimido se sentirá. Se você está tendo dificuldade em quebrar este círculo, escreva uma agenda de atividades, marcando o que você fará a cada hora, ou meia hora, e então faça-o! Isto pode parecer muito difícil a princípio, mas é muito útil. Da mesma forma que Jennifer, você pode usar um sistema de pontos para recompensar-se por estar fazendo o que planejou. Agende algumas caminhadas na vizinhança ou num parque próximo. O exercício é um grande inimigo da depressão. Pesquisas mostraram que exercícios aeróbicos (em que sua freqüência cardíaca aumenta, durante pelo menos 20 minutos) fazem com que as endorfinas sejam liberadas no cérebro. Endorfinas são analgésicos naturais e podem causar uma sensação geral de bem-estar e relaxamento.

Se a sua depressão não melhorar, mesmo depois de seguir as sugestões deste capítulo, pense em procurar ajuda profissional. Se você está se sentindo tão "pra baixo" que pensa em ferir-se, ou em se matar, *certamente* precisa falar logo com um profissional de saúde mental. A esse respeito, veja como encontrar ajuda profissional no Capítulo 17.

Abuso de Substâncias

Outro problema que pode complicar uma fobia social é o abuso de substâncias. Algumas pessoas com fobias sociais descobriram que o álcool ou as drogas aliviam parte de sua ansiedade e, com freqüência, o álcool está facilmente disponível nas situações sociais mais temidas. A pesquisa realizada pelo dr. F. Schneier e por seus colegas descobriu que 16% das pessoas com fobia social têm também um problema com o abuso de álcool. Além disso, a fobia social quase sempre começou antes do problema com o álcool.

O que isso significa? O mais provável é que as pessoas com fobia social sentem-se muito incapacitadas por sua ansiedade, e, às vezes, não sabem onde encontrar ajuda. Elas podem ter, inconscientemente, descoberto que o álcool e as outras drogas as acalmam. Aos poucos, desenvolveram um padrão de uso de álcool ou de drogas para "automedicar" seus sintomas fóbicos sociais. Esta pode ser uma complicação particularmente difícil. Você não só tem a fobia social original, mas agora tem também um problema difícil de abuso de substâncias para superar.

Então, que problema atacar primeiro? Segundo nossa experiência, é difícil ajudar alguém com fobia social se ele ainda está abusando de álcool ou de outras drogas. O álcool e as drogas deixam seu julgamento e suas percepções pouco nítidas, e tornam qualquer tipo de psicoterapia mais difícil. Isto pode ser especialmente verdadeiro para a terapia de exposição. Lembre-se de que a terapia de exposição funciona ajudando-o a habituar-se aos sintomas corporais da ansiedade, e a perceber que os seus pensamentos catastróficos não são verdadeiros. Se você estiver abusando do álcool ou de drogas, não terá a oportunidade de descobrir que pode lidar com a ansiedade e com os outros sintomas nas situações sociais que teme. Conseqüentemente, os efeitos terapêuticos da exposição não acontecerão. É por este motivo que recomendamos que você cuide primeiro do problema do abuso de substâncias, ou, pelo menos, que cuide deste problema ao mesmo tempo em que está trabalhando com sua fobia social.

Um modo possível de resolver os problemas de abuso de substâncias é assistir às reuniões dos Alcoólicos Anônimos ou dos Narcóticos Anônimos (AAA ou NA). Você pode encontrar essas organizações na lista telefônica de sua cidade. AAA e NA são grupos de auto-ajuda em que pessoas com problemas semelhantes dão apoio umas às outras, na tentativa de livrar-se do álcool ou das drogas. Um outro grupo que está se tornando popular em muitas cidades dos Estados Unidos é a Recuperação Racional, um grupo de auto-ajuda baseado nos princípios da terapia cognitiva. Se você reunir coragem para ir a qualquer uma dessas reuniões, provavelmente encontrará outras pessoas que sofreram com ansiedade social e usaram o álcool ou as drogas na tentativa de lidar com seu problema.

É verdade que, para algumas pessoas com fobia social, ir a um grupo de apoio é provavelmente a última coisa que elas sentem que poderiam ser capazes de fazer. No entanto, o processo vale o esforço e merece consideração.

Outra opção é procurar um profissional especializado em abuso de substâncias. Nos Estados Unidos, você pode consultar o escritório regional do Conselho Nacional de Alcoolismo e Abuso de Drogas para obter nomes de profissionais qualificados. Se você for consultar um profissional sobre abuso de substâncias, lembre-se de contar-lhe que também tem um problema com ansiedade social. No entanto, observe que muitos programas de tratamento de abuso de álcool e drogas não são adequados às necessidades de alguém que tenha fobia social. Você pode precisar de um terapeuta que trabalhe com distúrbios de ansiedade depois de ter completado o tratamento para o seu problema com álcool ou drogas.

OUTROS DISTÚRBIOS DE ANSIEDADE

As pessoas com fobia social também podem ter outros distúrbios de ansiedade. Há diversos tipos de distúrbios de ansiedade, além da fobia social, e cada um deles tem o seu próprio conjunto de complicações. Nós os descreveremos resumidamente. Se uma dessas descrições lhe interessar, consulte um profissional ou leia mais a respeito do distúrbio que você acha que tem. No final deste capítulo, recomendamos alguns livros relacionados a este assunto. Infelizmente, as limitações de espaço nos impedem de descrever as formas de lidar com todos esses problemas.

SÍNDROME DE PÂNICO E AGORAFOBIA

As pessoas com síndrome de pânico têm ataques de pânico freqüentes (descritos no Capítulo 2) que parecem "vir do nada" e não são facilmente conectados a um tipo de situação (por exemplo, situações sociais). O medo que a pessoa tem desses ataques pode fazer com que ela evite qualquer situação que poderia desencadeá-los (como dirigir carros, estar entre multidões, ficar sozinho). Agorafobia é uma condição em que os ataques de pânico provocam este tipo de fuga persistente. O dr. David Barlow, especialista em distúrbios de ansiedade, descobriu que 17% das pessoas com fobia social têm um diagnóstico adicional de síndrome de pânico e agorafobia.

DISTÚRBIO OBSESSIVO-COMPULSIVO (DOC)

O distúrbio obsessivo-compulsivo pode ser extremamente debilitante. As pessoas com DOC experienciam pensamentos invasivos e perturbadores que causam muita ansiedade. Com freqüência, sentem necessidade de realizar algum tipo de ação repetitiva, chamada de ritual ou compulsão para lidar com essa ansiedade. Por exemplo, se alguém é obcecado por contaminação ou micróbios, pode lavar excessivamente as mãos. Outros tipos de rituais comuns são confirmação excessiva (ver se o fogão está desligado ou se a porta está trancada), contar e juntar coisas. Esses rituais podem consumir muitas horas todos os dias. Os resultados da pesquisa do dr. Barlow mostram que 4% das pessoas com fobia social também têm DOC.

DISTÚRBIO GENERALIZADO DE ANSIEDADE (DGA)

As pessoas que têm um distúrbio generalizado de ansiedade preocupam-se com muitas áreas de sua vida. Áreas comuns de preocupação incluem saúde, família, finanças e trabalho. Embora todas as pessoas se preocupem de vez em quando, as que têm DGA sentem-se incapazes de "desligar" a preocupação, e essa preocupação interfere muito em sua vida. Elas também tendem a desenvolver sintomas físicos de ansiedade, pois estão continuamente tensas. Não é incomum que pessoas com fobias sociais tenham uma tendência geral para a preocupação. Na verdade, o dr. Barlow descobriu que 8% das pessoas socialmente fóbicas têm também DGA.

DISTÚRBIO DE ESTRESSE PÓS-TRAUMÁTICO (DSPT)

O distúrbio de estresse pós-traumático pode acontecer depois que alguém experienciou um acontecimento traumático como um ataque físico ou sexual, um acidente grave, ou uma guerra. Os sintomas típicos de DSPT são pesadelos e *flashbacks*, que são imagens invasivas ou lembranças do acontecimento traumático. As pessoas que sofrem de DSPT freqüentemente fazem tudo o que podem para evitar qualquer "deixa" que desencadeie lembranças ou emoções dolorosas relacionadas ao acontecimento traumático. Por exemplo, alguém que desenvolva DSPT depois de ter sido estuprado num carro pode evitar andar de carro. Essas pessoas freqüentemente experienciam depressão como parte de seu distúrbio. Os sintomas de DSPT podem aparecer imediatamente após o trauma, ou podem aparecer só meses ou até mesmo anos depois.

FOBIA SIMPLES

O termo *fobia simples* refere-se a um medo de algo bastante específico. Por exemplo, as pessoas com fobia simples podem ter medo de avião, de altura, de cachorros, de picadas de abelhas, ou de sangue. As fobias simples são extremamente comuns, e não costumam ser um problema.

Uma fobia simples, provavelmente, irá interferir menos na recuperação da fobia social do que qualquer outro dos distúrbios de ansiedade listados anteriormente.

PROBLEMAS DE RELACIONAMENTO

Os seres humanos sentem-se mais à vontade e seguros quando o seu mundo é estável e previsível. Quando acontece uma mudança, as pessoas sentem-se perturbadas, especialmente no início. O que essas mudanças significam para mim? Vou gostar dessas mudanças? Serei capaz de lidar com elas? Às vezes a mudança — mesmo a mudança positiva — pode ser tão desconcertante que as pessoas tentam evitá-la.

O que isso significa para você, alguém que está trabalhando para superar uma fobia social? E o que isso significa para as pessoas que se importam com você?

Se você está trabalhando para realizar mudanças em sua vida, as pessoas que lhe são próximas, inevitavelmente, irão reagir a essas mudanças. E nem todas as reações serão úteis para a sua recuperação. Vamos ilustrar este ponto com a situação de Gail. Ela estava trabalhando para ser mais assertiva, como parte de seu plano para superar sua fobia social. Seu medo de desaprovação era tão grande, que nunca ousava dizer o que estava pensando, nem mesmo para seu marido. No passado, nunca havia questionado nada que ele dizia ou fazia, e nunca dizia o que queria ou precisava. Richard, seu marido, ficou um pouco incomodado com as mudanças quando Gail começou a arriscar ser assertiva. E isso acontecia especialmente porque ela ainda estava aprendendo as habilidades de assertividade, e estas não estavam ajustadas. Às vezes, o nível de ansiedade de Gail aumentava, e ela acabava sendo crítica ou exigente.

Richard sentiu-se um pouco ameaçado. E quem poderia culpá-lo? Ele estava acostumado com uma esposa que nunca discordava dele. No início da recuperação de Gail, ele às vezes gritava raivosamente: "O que há de errado com você? Você é tão crítica o tempo todo! Será que não faço mais nada certo?". Frases assim, freqüentemente, começavam uma briga, que deixava ambos desanimados. Em determinado momento, Gail pensou em desistir. Talvez não valesse a pena superar sua fobia social e tornar-se mais assertiva.

Eles foram capazes de passar por esse período difícil, com muita paciência e trabalho duro de ambas as partes. Gail continuou praticando suas habilidades de assertividade, aprendeu a expressar suas opiniões e a pedir aquilo que queria de um modo que não colocasse Richard na defensiva.

Richard apercebeu-se de que o progresso de Gail também poderia beneficiá-lo: ele não teria mais de adivinhar o que ela queria; e eles poderiam fazer mais coisas socialmente, à medida que ela continuasse a superar sua fobia social.

Mesmo que no princípio tenha sido difícil acostumar-se com as mudanças de Gail, ele a amava e estava feliz por ela ter conseguido um novo senso de si mesma, como uma pessoa mais forte e independente. Ele sentia que seu relacionamento estava ficando mais forte à medida que Gail se tornava mais confiante. O relacionamento deles tinha uma base sólida e flexível que podia suportar o processo de mudança.

Ainda que sua situação possa ser diferente de Richard e Gail, o ponto importante é que a mudança pode ser desafiadora para ambos, mas pode ser suportada. As pessoas têm uma admirável capacidade de adaptação a novas circunstâncias. No próximo item fazemos algumas sugestões para amigos e parentes interessados em aprender mais a respeito de como podem ajudar na recuperação. Peça que seu parceiro, seus parentes, ou qualquer outra pessoa interessada leia essas orientações.

Embora nenhuma pesquisa tenha estudado a eficácia da terapia de casal ou familiar no tratamento da fobia social, faz sentido pensar que esses métodos possam ser úteis para algumas pessoas. A terapia de casal promove uma melhora na comunicação, que permite que as pessoas sintam-se mais à vontade em diversas situações sociais. Além disto, menos estresse em casa cria um ambiente melhor no qual trabalhar com a sua fobia social.

SUGESTÕES PARA PARENTES E AMIGOS

Se alguém de quem você gosta tem uma fobia social, aqui estão algumas orientações gerais que podem ajudá-lo na recuperação dessa pessoa. Cuidar de alguém que tenha qualquer tipo de distúrbio de ansiedade pode ser um desafio. Você pode ter de fazer muitos sacrifícios tentando ser compreensivo com o problema da pessoa que ama. Por exemplo, pode ter de recusar convites para acontecimentos sociais porque sabe que ele ficaria ansioso nessa situação. É natural que, às vezes, você sinta raiva ou ressentimento. Afinal, está perdendo muita diversão e a companhia de pessoas de quem gosta. É bom lembrar: ficar com raiva do comportamento, e não da pessoa. Esta pode ser uma distinção difícil de fazer, especialmente quando você está bravo; mas é importante. Atacar o caráter ou a "essência" de alguém pode ser muito ruim para a auto-estima dessa pessoa. Isso não significa que você não possa dizer como se sente. Por exemplo, você poderia dizer: "Eu realmente quero ir ao piquenique e sentirei falta de sua companhia", ou então, "Eu fico com raiva e desapontado quando tenho de ir sozinho a acontecimentos sociais". O importante é lembrar de expressar os seus sentimentos como afirmações-eu (eu sinto isto, eu quero aquilo), em vez de atribuir os seus sentimentos ao comportamento da outra pessoa (Você me faz sentir...). Tente entender que a pessoa com fobia social não está agindo assim para feri-lo ou puni-lo. Não tome o comportamento fóbico como uma rejeição pessoal ou isto será mais um problema. Recorra ao Capítulo 11 para mais orientações sobre afirmações-eu e habilidades saudáveis de comunicação.

A pesquisa mostrou que quando as pessoas estão tentando aprender novos comportamentos, elas respondem muito melhor ao apoio e ao reforço positivo do que às críticas. Do mesmo modo, como lembramos continuamente a pessoa com fobia, queremos lembrá-lo de reconhecer as realizações da pessoa, por menores que possam parecer. Você também pode perguntar à pessoa como poderia ajudá-la mais. Não dê consolos falsos, mas lembre à pessoa que você continua a amá-la, independentemente do que aconteça na exposição, mesmo que ela cometa algum engano ou seja desaprovada por alguém. Mesmo que você desaprove algum comportamento específico, o seu amor é sólido.

Você pode precisar observar o seu próprio comportamento para ter certeza de que não está, involuntariamente, reforçando as estratégias de fuga da pessoa que ama. Às vezes, um comportamento bem-intencionado pode ser prejudicial (na linguagem da teoria da co-dependência ele é denominado "solidário"). Por exemplo, se você sempre atende ao telefone porque sabe que falar ao telefone é difícil para a pessoa que ama, você está permitindo que os medos dela continuem, e isto torna menos provável que ela encontre uma solução. Este tipo de comportamento "solidário" é muito fácil de entender. Você pode ter testemunhado a extrema ansiedade da pessoa que ama em situações sociais, e, naturalmente, não quer que ele sofra desnecessariamente. Mas, para que haja progresso, uma pessoa fóbica precisa experienciar a ansiedade para poder superá-la. Embora isso possa parecer falta de gentileza ou crueldade, a longo prazo esta estratégia será muito útil, e você será um amigo muito melhor!

Resumo

Podem aparecer complicações durante o processo de tratamento. A presença de distúrbios psicológicos — como depressão, abuso de substâncias e outros distúrbios de ansiedade — podem tornar mais difícil a recuperação de uma fobia social. É melhor lidar diretamente com esses problemas. Às vezes, apesar de seus esforços, esses fatores complicadores podem exigir assistência externa de um profissional de saúde mental.

Leituras Recomendadas

BOURNE, E. J. *The Anxiety and Phobia Workbook.* Oakland, CA, New Harbinger Publications, 1990.
COPELAND, M. E. *The Depression Workbook: A Guide for Living With Depression and Manic Depression.* Oakland, CA, New Harbinger Publications, 1992.
FOA, E. B. e R. WILSON. *Stop Obsessing: How To Overcome Your Obsessions and Compulsions.* Nova York, Bantam Books, 1991.
STEKETEE, G. e K. WHITE. *When Once Is Not Enough: Help for Obsessive Compulsives.* Oakland, CA, New Harbinger Publications, 1990.
WILSON, R. *Don't panic: Taking Control of Anxiety Attacks.* Nova York, Harper & Row, 1986.

14

E Se Eu Precisar de Mais Incentivo?

No Capítulo 4 pedimos que você se perguntasse: "Por que tenho de mudar minha reação à desaprovação?". Acreditamos que a resposta a esta pergunta seja muito importante. A força da razão que influencia sua decisão de superar uma fobia social pode determinar se você terá ou não sucesso. O seu motivo para recuperar-se cria o incentivo que você precisa para trabalhar duro com o seu problema. Sem o incentivo adequado, você terá dificuldades em prosseguir em seu plano de recuperação.

Não se sinta desanimado demais se estiver precisando de incentivo. Neste capítulo, descreveremos as formas de ampliar os seus incentivos e, assim, aumentar suas chances de uma recuperação bem-sucedida. Primeiro, vamos examinar o que chamamos de incentivo de longo prazo.

INCENTIVOS DE LONGO PRAZO

Se olhar novamente sua lista de razões para se recuperar, no Capítulo 4, provavelmente descobrirá que a maior parte delas pode ser classificada como incentivos de longo prazo — coisas que você quer que aconteçam no futuro, quando sua fobia estiver mais fraca. Essas são realmente boas razões para lidar com uma fobia social: ter uma vida melhor, ter mais amigos, ir para a faculdade, encontrar alguém com quem se casar, e assim por diante.

Se você não tiver incentivos de longo prazo, ou se os que tem não lhe parecerem muito importantes, você tem um problema. A menos que seus incentivos sejam fortalecidos, é provável que você não consiga dedicar o tempo e a energia necessários para a recuperação da fobia social.

E se você não conseguir pensar em nenhuma meta de longo prazo? E se você não souber o que quer fazer? Nossa experiência clínica é que muito poucas pessoas não têm nenhum interesse, nenhuma meta ou nenhuma aspiração a longo prazo. Entretanto, muitas pessoas simplesmente não se permitem pensar a respeito de incentivos de longo prazo, pois isto as deixa ansiosas, ou então elas já desistiram da esperança de mudar sua vida. Para identificar os incentivos de longo prazo, você precisa estar disposto a fantasiar, a devanear e a permanecer com as coisas que realmente deseja da vida — coisas que você não pode ter ou não pode fazer agora por causa de sua fobia social.

Queremos que você escreva novamente sua lista de razões para recuperar-se. Mas, desta vez, você precisa escrever todas as razões que lhe ocorrerem, mesmo que elas o deixem ansioso. Por favor, não censure itens em sua lista porque você sente que eles estão fora do seu alcance, ou por qualquer outro motivo. Pense nisto como uma lista de desejos.

RAZÕES PARA ME RECUPERAR DE MINHA FOBIA SOCIAL

Meus Incentivos de Longo Prazo
1. _____
2. _____
3. _____
4. _____
5. _____
6. _____
7. _____
8. _____
9. _____
10. _____

Se você teve dificuldade para achar razões no exercício anterior, esperamos que este último exercício o ajude a pensar em razões adicionais para sua recuperação. Examine os itens que você escreveu. Eles são importantes para você? Você sente que eles poderão motivá-lo a prosseguir em sua recuperação? Esperamos que você tenha respondido sim a estas duas perguntas.

Agora que tem incentivos de longo prazo, você pode estar se sentindo melhor sobre suas chances de superar sua fobia social. Mas tenha cuidado! Mesmo tendo vários incentivos fortes, de longo prazo, ainda podem estar faltando incentivos para manter seu compromisso cotidiano com a recuperação. Os incentivos de longo prazo não são suficientes por si sós. A seguir falaremos a respeito de outro tipo de incentivo que pode lhe dar o impulso adicional de que você precisa.

INCENTIVOS IMEDIATOS

Existe um outro tipo de motivação, muito diferente, que pode contribuir para a sua recuperação, e que consiste de incentivos imediatos ou de curto prazo. Os incentivos imediatos não são grandes, nem elevados, mas são muito mais simples e de menor amplitude do que os de longo prazo. Eles se parecem muito mais com as estrelinhas douradas que você recebia no jardim-de-infância ou no primeiro grau: de pouco valor material, mas muito valorizados.

Embora os incentivos imediatos não sejam tão impressionantes quanto os de longo prazo, têm uma vantagem definida: não acontecerão no próximo mês, na próxima estação, ou no próximo ano. A gratificação que provém deles é imediata.

Então, quais são esses incentivos imediatos? Eles são os prazeres simples da vida, para premiar-se a si mesmo por um trabalho bem-feito. Por exemplo: o dinheiro pode servir como um incentivo imediato. Você pode prometer pagar a si mesmo R$ 2,00 para cada exposição que completar com sucesso (e depois gastar o dinheiro em algo especial só para você). Há numerosas outras possibilidades de incentivos de curto prazo: premiar-se com tempo livre; participar de uma atividade divertida; comer o seu prato favorito; fazer um interurbano para um velho amigo; ir ao cinema; ouvir música; tomar um longo banho quente; ir a seu restaurante favorito; comprar algo novo para si mesmo. Observe que todos esses exemplos são coisas que, em alguma extensão, você pode controlar. Em outras palavras, você pode decidir como, quanto, e administrar a sua recompensa. Como você verá, esta é uma característica muito importante dos incentivos imediatos.

Os incentivos imediatos podem ajudá-lo a superar sua fobia social criando uma motivação diária, e os incentivos de longo prazo não podem. A situação de Nora é um exemplo. Ela trabalha como revisora para uma agência de publicidade de médio porte. Um dos itens de sua lista de incentivos de longo prazo é poder ter um negócio próprio. Ela tem filhos em idade escolar e quer estar em casa, à tarde, quando eles chegam da escola. Fazer trabalho *free lance* lhe permitiria a flexibilidade que deseja. Mas começar seu próprio negócio exigiria encontrar os clientes e vender suas idéias a eles — algo com que ela não se sente à vontade. Ela sabe que terá de superar o seu medo de fazer apresentações antes de poder realizar esse sonho. Nora incorporou o uso de incentivos imediatos em seu plano de recuperação. Cada vez que ela completa uma exposição, coloca uma quantia numa poupança especial, pois planeja usar esse dinheiro para começar seu negócio. Quando Nora verifica o saldo acumulado em sua conta, tem uma evidência tangível de seu progresso, e o encorajamento que precisa para continuar.

Os incentivos imediatos podem ajudá-lo a se motivar para fazer as coisas diárias que precisam ser feitas para que suas metas de longo prazo sejam alcançadas.

Agora, pare um pouquinho, e pense sobre alguns incentivos imediatos que você poderia aplicar a seu plano de recuperação. Lembre-se: um incentivo será útil apenas se for algo que você realmente tem condições de comprar ou fazer, e se for agradável ou recompensador para você. Pode ser um objeto, uma atividade, ou um acontecimento, desde que seja algo que o motive. Depois que você tiver pensado em alguns incentivos imediatos para o seu plano de recuperação, escreva-os no espaço abaixo.

RAZÕES PARA ME RECUPERAR DE MINHA FOBIA SOCIAL

Meus Incentivos Imediatos
1. _____
2. _____
3. _____
4. _____
5. _____
6. _____
7. _____
8. _____
9. _____
10. _____

USANDO OS INCENTIVOS EM SEU PLANO DE RECUPERAÇÃO

Agora que você identificou seus incentivos imediatos, é o momento de decidir-se como os usará para promover sua recuperação. Você pode fazê-lo ligando os incentivos a uma realização específica. Isso significa simplesmente que, depois de ter dado um passo em seu plano de recuperação (praticado a respiração compassada, realizado uma exposição), você reconhece sua realização premiando-se com um dos incentivos que escolheu. Receber esse prêmio específico fica ligado a ter completado esta parte específica de seu plano de recuperação (por exemplo, ir comer num restaurante todas as vezes que fizer uma exposição). Ligar os incentivos a uma ação específica segue um princípio básico da ciência comportamental — quando um comportamento difícil é seguido por um acontecimento agradável você aumenta a probabilidade de que o comportamento difícil seja repetido.

Usar incentivos para promover um comportamento desejado não é uma idéia nova. Todos nós trabalhamos diariamente porque somos pagos para isso. Os artistas gostam do palco, em parte, por causa do aplauso e da adulação que recebem. Mas a maioria das pessoas não usa incentivos intencionalmente para superar problemas psicológicos ou comportamentais difíceis como a fobia social. É necessário esforço para pensar em incentivos e descobrir como usá-los. Além disso, algumas pessoas sentem-se embaraçadas ou desencorajadas com a idéia de ter de usar incentivos para conseguir fazer coisas que "deveriam querer fazer naturalmente". Elas não percebem que não há razão pela qual alguém *deveria* querer fazer algo desagradável. E é útil criar incentivos imediatos para ajudar na conquista de qualquer meta. Eles podem dar mais uma fonte de motivação para encarar o lado desagradável da tarefa a ser realizada.

Agora é o momento de acrescentar os incentivos imediatos a seu plano de recuperação. Use o formulário a seguir para esboçar o seu plano de recuperação para a próxima semana (faça cópias desta página para usar nas semanas seguintes). Primeiro, decida que exposições ou que atividades do plano de recuperação você irá realizar nesta semana e escreva-as na coluna "Atividade". A seguir, marque o horário e a data de cada atividade e escreva-as nas colunas apropriadas. Finalmente, decida-se pelo incentivo que você receberá em cada atividade, e anote-o na coluna "Incentivo".

AGENDA DO PLANO DE RECUPERAÇÃO PARA ESTA SEMANA

Data	Horário	Atividade	Incentivo

Resumo

As pessoas não realizam suas metas de recuperação por terem poucos incentivos. Há dois tipos de incentivos: os de longo prazo, que são as grandes razões pelas quais você deseja superar sua fobia social, e os imediatos, que são menos significativos, mas têm um impacto poderoso em sua habilidade de seguir diariamente seu plano de recuperação. Os incentivos imediatos podem ser incorporados ao seu plano de recuperação. Eles lhe dão motivação extra para realizar as tarefas necessárias para lidar com sua fobia social.

15

Como Mantenho Meu Progresso?

Falamos muito neste livro a respeito de mudança. Um aspecto importante que devemos saber sobre mudança é que ela não continua ininterruptamente. O progresso, no sentido de superar sua fobia social, terá passos para a frente e para trás. Espera-se que os para a frente sejam bem mais numerosos do que os passos para trás. Você deveria saber que os recuos são comuns, e até mesmo esperados, neste tipo de terapia. Embora ninguém goste de recuos, é importante lembrar que eles não precisam transformar-se em recaída total: um retorno permanente ou ainda maior a seus velhos medos de desaprovação. Tenha em mente que algumas vezes você pode tanto aprender com um recuo quanto com os passos para a frente!

O Que É Um Recuo?

Um recuo é um aumento perceptível em seus medos de situações sociais, depois que você começou a progredir e superar sua fobia. A primeira coisa que você percebe nem sempre é o aumento do medo. Algumas vezes, o primeiro sinal é uma mudança em seu comportamento. Veja Jane, por exemplo. Ela havia feito grandes progressos para superar seu medo de comer em público, quando, um dia, uma amiga convidou-a para almoçar num restaurante próximo. Jane gostava dessa amiga e realmente queria vê-la. Mas em vez de aceitar o convite, deu-lhe uma desculpa para não ir. Este foi o primeiro sinal de que o medo de Jane estava voltando.

Comportamentos menos óbvios também podem assinalar um recuo. Por exemplo, Bob havia trabalhado duro para ficar mais à vontade em grandes reuniões sociais. E, então, sem razão aparente, percebeu que estava bebendo muito mais do que o normal numa reunião de trabalho. Isto representou um recuo para ele.

Você pode estar pensando que estamos fazendo "uma tempestade em copo dágua". Talvez Jane apenas não estivesse com vontade de almoçar fora. Talvez Bob simplesmente quisesse "divertir-se" naquela noite. É claro que existem muitas explicações para o comportamento de Jane e de Bob. No entanto, qualquer sinal de aumento de fuga em relação à sua fobia social pode assinalar um recuo que precisa de atenção imediata.

Por que os Recuos Acontecem?

Existem diversas razões pelas quais os recuos acontecem. Algumas vezes, eles ocorrem quando você está sob mais estresse físico ou mental. Por exemplo, se ficou resfriado, sua resistência pode ter diminuído, deixando-o mais suscetível à fadiga e à ansiedade. O estresse físico pode deixá-lo com menos energia mental para combater o pensamento não-adaptativo. Outros tipos de estresse — como problemas de trabalho ou de família — podem aumentar a ansiedade social. Isto é especialmente verdadeiro se o estresse fizer com que você fique menos confiante.

Contudo, os recuos não acontecem apenas nos momentos em que as coisas estão difíceis. Você pode experienciar um recuo depois de um período de sucesso — o momento em que você menos espera um problema. Um recuo depois de um período bom pode realmente pegá-lo com a guarda baixa. Nessas circunstâncias, um recuo pode significar que você ficou autocomplacente.

Pensamentos como "Certamente estará tudo bem se eu relaxar e ignorar este problema da fobia social", e "Eu estou feliz por não precisar mais fazer exposições" podem indicar esta atitude. Num livreto sobre prevenção de recaídas, Judi Hollis faz uma boa analogia. "O equilibrista da corda bamba que tem tanta prática que quase anda dormindo, saberá enfrentar escorregões e quase quedas. O equilibrista iniciante mostra um cuidado exagerado [...] É o equilibrista maduro, apoiado numa confiança falsa, quem cai de fato". Embora seja essencial ter orgulho de suas realizações, você não pode manter seus ganhos sem confrontar continuamente os seus medos sociais.

Por si mesmos, os recuos não devem ser causa de muito alarme. Normalmente, um recuo não é um grande problema. Mas quando os recuos se tornam freqüentes e são a regra, não a exceção, você pode estar caminhando em direção a uma recaída. Quase todas as recaídas podem ser prevenidas. O importante é tentar evitá-las, lidando eficazmente com os recuos no momento em que eles acontecem. Assim:

1. IDENTIFICAR OS SINAIS DE ALARME

Antes de prevenir-se de uma recaída, você precisa identificar seu próprio conjunto de sinais de alerta. Aqui estão alguns exemplos comuns de sinais de alerta:

- aumento nos sintomas físicos de ansiedade quando você se encontra numa situação social que temia anteriormente;
- aumento de pensamentos não-adaptativos perturbadores;
- aumento no comportamento de fuga, inclusive de fuga parcial;
- desenvolvimento de novos problemas ou piora dos velhos problemas, como depressão ou abuso de substâncias;
- aumento no tempo em que você se preocupa com o que as outras pessoas pensam a seu respeito.

2. DESCUBRA QUAIS OS PASSOS DE RECUPERAÇÃO QUE VOCÊ PAROU DE PRATICAR

Quando você tiver identificado os sinais de alarme, o próximo passo para prevenir uma recaída é determinar quais os passos de recuperação que você parou de praticar. Talvez você tenha descoberto inicialmente que a respiração compassada era um instrumento eficaz para lidar com os seus sintomas físicos de ansiedade; mas não tem praticado ultimamente, e muito menos progredido diariamente nesta habilidade. E em relação ao desafio de seus pensamentos não-adaptativos? Você deixou de manter um registro de pensamentos e de avaliar se está exagerando a probabilidade ou a gravidade da desaprovação? Considere o modo como tem usado as exposições. Você tem-se desafiado a confrontar regularmente as situações sociais que teme ou voltou a cair nos velhos padrões de fuga? Considere também os outros passos de recuperação que pode ter deixado de lado. A administração do estresse faz parte de seu plano de recuperação? Você precisa de mais prática com as habilidades sociais? Você tem usado incentivos para se manter motivado? Faça uma lista dos passos de recuperação que você precisa começar a praticar novamente.

3. DESENVOLVA UM PLANO DE PREVENÇÃO DE RECAÍDAS

A seguir, determine as ações específicas que você tomará quando notar qualquer sinal de alarme. Sua lista de passos de recuperação, que você precisa começar a praticar novamente, pode ajudá-lo a saber como proceder.

Por exemplo, pode ser que você deseje aumentar o número de exposições que tem feito, ou recomeçar a fazê-las, se parou completamente. Ou talvez você queira comprometer-se a praticar e usar mais a sua respiração compassada como parte de sua rotina diária. Além disso, não seria uma má idéia fazer novamente um registro de seus pensamentos: use as escalas de avaliação apresentadas no Capítulo 6 para avaliar suas estimativas de probabilidade e de gravidade da desaprovação. Se você estiver trabalhando com um terapeuta, pense em marcar uma "sessão de reforço". Você e seu terapeuta podem trabalhar juntos para colocá-lo novamente no caminho.

Além de planejar as ações específicas que realizará, pense em afirmações de convivência específicas para lidar com a situação de recaída potencial. Muitas pessoas sentem pânico ou condenam-se duramente ao primeiro sinal de recaída. Pensamentos como "Ah, não! Eu estou fracassando novamente!" ou "Isto é horrível, eu não conseguirei passar por isto de novo!" podem fazer com que você entre num ciclo de falta de esperança. Em vez disso, você precisa lembrar-se de que é normal experienciar recuos, e que às vezes a recaída acontece, apesar das melhores intenções. Este não é o momento de julgar a si mesmo! Em vez de colecionar críticas em sua mente, apenas diga a si mesmo que aconteceu algo errado e que isto precisa ser corrigido. E então aja!

É uma boa idéia escrever os seus objetivos sob a forma de um *plano de prevenção de recaídas*. Nós usaremos Tom, o policial com medo de falar em público, para ver o que pode ser incluído num plano de prevenção de recaídas.

O PLANO DE PREVENÇÃO DE RECAÍDAS DE TOM

SINAIS DE ALERTA
1. Não fazer nenhum comentário numa reunião de departamento por mais de duas semanas seguidas.

2. Aumento persistente dos sintomas de ansiedade corporal quando estiver falando para outras pessoas.
3. Aumento da preocupação com o que os outros estão pensando a meu respeito durante as reuniões.
4. Aumento do estresse em outras áreas da minha vida com que eu não esteja lidando bem. (Quando Tom se envolvia com outros problemas, o seu padrão era retrair-se e ficar cada vez mais quieto.)
5. Sentimentos de depressão.

PASSOS DE RECUPERAÇÃO QUE DEIXEI DE PRATICAR

1. Parei de fazer exposições regularmente.
2. Não tenho praticado minha respiração compassada.
3. Não tenho monitorado e avaliado os meus pensamentos.

PASSOS ESPECÍFICOS A SEREM REALIZADOS

1. Começar exposições planejadas regulares, até que os sintomas melhorem de novo.
2. Praticar diariamente as habilidades de administração de ansiedade.
3. Manter novamente um diário de pensamentos e usar as escalas para avaliar as distorções de probabilidade e de gravidade.
4. Falar sobre este problema com minha esposa, em vez de tentar escondê-lo e fazer de conta que tudo está bem.
5. Procurar um profissional de saúde mental, se os sinais de perigo continuarem por dois meses sem sinais de melhora.

AFIRMAÇÕES DE CONVIVÊNCIA PARA AJUDAR
A PREVENIR RECAÍDAS

1. Só porque estou voltando a meus velhos padrões neste momento, isso não significa que eu seja um fracasso total. Posso voltar ao caminho.
2. Posso aprender com esta experiência.
3. É bom confrontar os meus medos.
4. Está tudo bem em cometer erros. Ninguém é perfeito.

CRIANDO SEU PLANO DE PREVENÇÃO DE RECAÍDAS

Agora é o momento para desenvolver seu próprio plano personalizado de prevenção de recaídas. Este é um passo muito importante em sua recuperação. Você pode pensar que saberia naturalmente se estivesse com problemas, mas acredite em nós quando dizemos que ajuda ter um plano pensado cuidadosamente e escrito com antecedência. Deixe uma cópia deste plano em algum lugar acessível.

E Se Houver uma Recaída?

Algumas vezes, apesar de todas as suas boas intenções, uma recaída acontece. Na verdade, você pode estar lendo ou relendo este livro depois de ter experienciado uma recaída. Se este for o seu caso, nós o congratulamos por ter a coragem de começar de novo. O primeiro passo de volta à recuperação é aceitar o fato de que teve mesmo uma recaída, mas de que este não é o fim do mundo. O mais importante é não criticar-se por ter escorregado para trás; lembre-se de que você fez o melhor que pôde.

Provavelmente, você conseguirá voltar ao caminho mais depressa do que imagina. Muitas vezes, as pessoas que tiveram recaídas conseguem voltar ao ponto em que estavam muito mais rapidamente do que chegaram a este ponto pela primeira vez. Afinal, você já aprendeu as habilidades necessárias para a recuperação. Você vai precisar revisar aquilo que já sabe, e reiniciar as exposições. Se souber avaliar cuidadosamente as causas de sua recaída e fizer planos para lidar com situações semelhantes no futuro, sua recuperação se tornará ainda mais forte do que era antes.

Resumo

Os recuos são uma parte comum do processo de mudança. Entretanto, quando se tornam freqüentes ou prolongados, você pode estar indo em direção a uma recaída: um retorno ampliado ou permanente a seus velhos medos de desaprovação. Felizmente, as recaídas podem ser prevenidas. As medidas preventivas incluem uma lista dos sinais de alarme, descobrir quais os passos de recuperação que você deixou de usar, e desenvolver um plano de ação que inclua afirmações de convivência específica para diminuir os efeitos dos recuos e impedir que estes se transformem numa recaída.

MEU PLANO DE PREVENÇÃO DE RECAÍDAS

(Afixe num local visível!)

SINAIS DE ALERTA
1. _____
2. _____
3. _____
4. _____
5. _____

PASSOS DE RECUPERAÇÃO QUE PAREI DE PRATICAR
1. _____
2. _____
3. _____
4. _____
5. _____

PASSOS ESPECÍFICOS A SEREM REALIZADOS
1. _____
2. _____
3. _____
4. _____
5. _____

AFIRMAÇÕES DE CONVIVÊNCIA PARA PREVENIR RECAÍDAS
1. _____
2. _____
3. _____
4. _____
5. _____

16

E Se Eu Precisar de Medicação?

Provavelmente, você já pode ter pensado: "Eu queria que houvesse algum remédio que eu pudesse tomar para me livrar deste problema". Na verdade, você já pode ter discutido os seus sintomas com seu médico, e ele pode ter-lhe recomendado medicação. E você precisa decidir-se: "Será que devo tomar uma droga para tratar minha fobia social?".

Esta é uma decisão difícil se você não souber antecipadamente as vantagens e as limitações das diversas drogas utilizadas para tratamento. O objetivo deste capítulo é fornecer informação básica a respeito dos medicamentos que atualmente estão disponíveis para as pessoas com fobias sociais. Esperamos poder ajudá-lo a trabalhar mais eficazmente com o seu médico no momento de considerar as diversas opções de medicação.

As decisões a respeito de medicação ficam ainda mais difíceis por causa das opiniões conflitantes dos profissionais. Os profissionais de saúde mental, que acreditam que a fobia social é resultado unicamente de uma irregularidade bioquímica, poderiam dizer-lhe que a única resposta é a medicação. No entanto, há profissionais que diriam que o seu problema vem apenas de causas ambientais. E alguns deles desaconselhariam o uso de medicamentos em quaisquer circunstâncias. Nós temos uma visão menos radical.

Descobrimos que alguns indivíduos socialmente fóbicos se recuperam sem medicação. Mas, para outras pessoas, as drogas podem ser muito úteis. A medicação, quando usada adequadamente, é um dos diversos instrumentos valiosos para ajudar a aliviar os sintomas físicos da ansiedade. Se você relembrar nossa explicação das origens da fobia social, no Capítulo 2, verá que enfatizamos que uma combinação de fatores biológicos e ambientais pode influenciar sua fobia social. Como resultado, pode ser necessária uma combinação de estratégias para ajudá-lo a recuperar-se. Assumir uma posição extremada — ter medo de tomar medicamentos sob qualquer circunstância, ou ver as drogas como o único tratamento eficaz — pode interferir em sua habilidade de considerar todas as suas opções para a recuperação, e poderia fazer com que você desanimasse logo.

O QUE VOCÊ PRECISA LEVAR EM CONSIDERAÇÃO ANTES DE TOMAR MEDICAÇÃO

Há duas decisões óbvias que você e seu médico devem tomar antes de você começar a tomar medicamentos. Primeira: será que você deve tomar medicamentos? E, segunda, que droga você deve tomar se decidir usá-los? Abordaremos aqui a primeira questão, discutindo as vantagens e as limitações da medicação, e descrevendo algumas das situações em que as drogas podem ser úteis.

VANTAGENS DA MEDICAÇÃO

Há diversas vantagens em usar medicamentos. É necessário pouco esforço para tomar a droga prescrita, comparado a todo o trabalho necessário para superar uma fobia social usando técnicas cognitivas e comportamentais. Ir pelo caminho mais fácil pode ser particularmente atraente se o seu problema com a fobia social acontecer com pouca freqüência. Além disso, a medicação está facilmente disponível. Há muitos médicos e psiquiatras que são capazes de tratar o seu problema com medicamentos. Por outro lado, os psicoterapeutas podem não ser tão acessíveis em sua comunidade como os médicos que podem prescrever medicamentos, principalmente os psicoterapeutas experientes e os especialistas no tratamento de fobias sociais. Finalmente, em alguns casos, as drogas podem reduzir os sintomas físicos específicos, como taquicardia ou tremores, que incomodam as pessoas com fobia social.

LIMITAÇÕES DA MEDICAÇÃO

Uma das limitações da medicação é que ela lhe dá um meio de evitar os sintomas associados ao medo da desaprovação. Nós não encorajamos ninguém a evitar o medo, como você já leu em todo o livro. Ao contrário, você só pode superar o seu medo ao confrontá-lo e aprendendo a lidar com a ansiedade que o acompanha. Por exemplo, tomar remédios pode ajudá-lo a suar menos; mas, ao mesmo tempo, é importante que você aprenda a tolerar algum suor. Se o seu objetivo ao tomar a medicação é continuar a evitar os sintomas desagradáveis, nós o encorajamos a examinar os seus motivos. É verdade que é mais fácil abrir um vidro de remédio para diminuir a ansiedade do que seguir todos os passos que descrevemos. Mas apenas tomar os remédios, sem fazer nenhuma mudança em seu modo de pensar sobre seus medos, só reduzirá ou aliviará temporariamente os seus sintomas.

Uma segunda limitação é que os remédios não lhe ensinam habilidades nem aumentam sua autoconfiança. Apoiar-se apenas em medicamentos pode deixá-lo vulnerável a recaídas, especialmente se você parar de tomar a droga antes de ter adquirido as habilidades necessárias para combater sua fobia social.

A terceira limitação diz respeito aos efeitos colaterais. Se você não aprender outras formas de lidar com a ansiedade social, pode acabar tendo de tomar remédios indefinidamente — e falando francamente, os efeitos desses remédios são desconhecidos a longo prazo. Além disso, algumas pessoas têm dificuldades com os efeitos colaterais imediatos da medicação. Para elas, os efeitos colaterais são piores do que os benefícios potenciais da droga.

QUANDO A MEDICAÇÃO É INDICADA?

A combinação da medicação e das técnicas cognitivas e comportamentais descritas neste livro pode ser a sua melhor chance de superar o medo da desaprovação. O dr. Stewart Agras, da Stanford University School of Medicine, acredita que há sentido clínico em tratar a fobia social tanto de forma farmacológica quanto psicológica. No entanto, nem todas as pessoas precisam tomar remédios para se recuperar; e como você sabe agora, existem vantagens e desvantagens no tratamento medicamentoso. A decisão de tomar remédios deve ser individual e durante uma consulta com o seu médico.

Você pode estar se perguntando: "Qual será o momento correto de eu pensar em tomar remédios?". Os sintomas de ansiedade que você experiencia quando está antecipando ou entrando nas situações sociais são os alvos comuns dos tratamentos baseados em medicação. Como já mencionamos, existem certamente situações apropriadas nas quais se deve pensar em conversar sobre medicação com o médico: se as situações em que você experiencia a ansiedade social ocorrem com pouca freqüência; se está tendo dificuldade mesmo com os itens mais baixos de sua hierarquia porque os seus sintomas são muito perturbadores; se a sua ansiedade agravou um problema neurológico, como um tremor; ou se o seu nível de ansiedade é tão elevado por todo o dia que você se sente miserável o tempo todo.

Também será a hora de pensar a respeito de medicação se os métodos descritos neste livro não estiverem funcionando. Isso não significa que você tenha fracassado, mas que o tipo de abordagem de tratamento que sugerimos simplesmente não é o correto para você. Isto também pode significar que você encontrou um obstáculo em seu tratamento com o qual não consegue lidar sozinho. Se for este o caso, leia o Capítulo 17, que o orienta a encontrar ajuda profissional. Enquanto isto, pense a respeito da opção de medicação.

Resumindo, os casos em que a medicação pode ser indicada são os seguintes:

- você quer tentar uma abordagem dupla: medicação e técnicas cognitivas e comportamentais;
- você raramente encontra situações em que teme a desaprovação, e sente que a medicação é a opção mais fácil e eficaz;
- você está tendo dificuldade em realizar até mesmo as exposições mais fáceis de sua hierarquia, por causa da ansiedade;
- você continua tendo dificuldade para lidar com os sintomas físicos da ansiedade (como batimento cardíaco acelerado, suor, tremor, e assim por diante) apesar de estar usando as habilidades de controle de ansiedade;
- você chegou num ponto do tratamento que não parece ser capaz de superar por si mesmo, ou os métodos descritos não estão funcionando para você.

Drogas para Tratamento da Fobia Social

Neste item abordaremos a questão de qual droga tomar, quando você estiver decidido a usar medicação. Algumas das drogas que descreveremos foram experimentadas no tratamento de fobia social, enquanto outras têm sido usadas com outros tipos de ansiedade e não são específicas para combater os medos sociais. As drogas têm-se mostrado eficazes no tratamento de algumas ansiedades de desempenho específicas, embora exista pouca pesquisa a respeito do uso de medicação para tratar uma fobia social. Na verdade, há vários estudos a respeito de um grupo de medicamentos chamados betabloqueadores (que serão descritos a seguir) que reduziram a ansiedade de desempenho em músicos, atletas e estudantes universitários.

Outro grupo de medicamentos, os inibidores da monoamina oxidase (inibidores da MAO, que são também descritos adiante), estão mostrando ser uma grande promessa no tratamento de formas mais generalizadas de fobia social. Estudos preliminares sugerem que três tipos de drogas — betabloqueadores, inibidores da MAO, e benzodiazepinas — podem ser efetivos no tratamento da fobia social. Vamos examinar mais detalhadamente cada um desses grupos de medicamentos.

BETABLOQUEADORES

Você já deve ter ouvido falar de betabloqueadores, talvez por intermédio de algum amigo que tenha problemas cardíacos, hipertensão ou dores no peito. Se o seu médico sugeriu um betabloqueador para ajudar a reduzir os seus sintomas de ansiedade, isto não quer dizer que ele ache que há algo errado com o seu coração. Os betabloqueadores reduzem os chamados sintomas periféricos de ansiedade (por exemplo, batimentos cardíacos acelerados, rubor e suor). Os betabloqueadores mais comumente prescritos para o tratamento da fobia social são o propranolol (*Inderal*) e atenolol (*Tenormim*).

Como já dissemos, os betabloqueadores têm sido mais eficazes no tratamento de ansiedades de desempenho. Na verdade, os sintomas periféricos que mencionamos são muito freqüentes em pessoas com medo de palco. É apenas neste tipo de situação que os betabloqueadores parecem funcionar bem.

Como funcionam os betabloqueadores. Pensa-se que em situações de desempenho, o sistema nervoso autônomo é ativado. E este estado de ativação aumenta a ansiedade social. Os betabloqueadores ou, como são chamados de modo mais preciso, as drogas bloqueadoras beta-adrenérgicas, funcionam bloqueando algumas células receptoras nervosas (os beta-receptores). Essas células nervosas estão localizadas no sistema nervoso autônomo. Como o próprio nome diz, os betabloqueadores, como o propranolol (*Inderal*) e o atenolol (*Tenormim*) bloqueiam os beta-receptores e, assim, reduzem os sintomas de batimento cardíaco acelerado, a pressão sanguínea e o tremor. Tomando um desses remédios, os sintomas de batimento cardíaco acelerado, suor e mãos trêmulas, ligados à ansiedade, podem ser reduzidos.

Dosagem. Os betabloqueadores podem ser tomados de duas formas pelas pessoas com fobias sociais específicas. Segundo o dr. Agras, uma dose única do medicamento pode ser tomada antes de um encontro social temido (por exemplo, fazer um discurso). O objetivo, neste caso, é usar o medicamento para reduzir os sintomas de ansiedade ligados aos beta-receptores. Esta redução nos sintomas indica que o sistema nervoso autônomo está suficientemente bloqueado. Com freqüência, a dose prescrita pelos médicos para reduzir os sintomas físicos da ansiedade de desempenho é de 10 a 40 mg de propranolol, 45 a 60 minutos antes da situação temida.

Se você enfrenta situações fóbicas mais regularmente (por exemplo, se tem de fazer palestras ou conduzir reuniões diariamente) pode tomar um betabloqueador diariamente. No *Physician's Handbook*, os especialistas da American Psychiatric Association indicam que o atenolol seja prescrito em doses entre 50 a 100 mg por dia. A medicação atinge o seu nível terapêutico em aproximadamente duas semanas.

Efeitos Colaterais. Os efeitos colaterais mais comuns de um betabloqueador são fadiga e fraqueza. Em alguns casos, nos quais a dose não foi adequadamente ajustada, a pressão sanguínea e o pulso podem cair demais. Efeitos colaterais menos comuns, mas bastante perturbadores, são depressão e impotência. Em geral, esses efeitos colaterais podem ser evitados com um ajuste cuidadoso da dose para as necessidades específicas da pessoa.

Parando com a medicação. Você não deve tentar ajustar sozinho a dose de um betabloqueador, nem dos outros medicamentos usados para tratar a ansiedade. E não deve suspender repentinamente a medicação. Se achar que está na hora de começar a lidar com as situações produtoras de ansiedade sem a ajuda de remédios, discuta esse assunto com o seu médico. Você precisará de um programa para ir diminuindo gradualmente o betabloqueador.

Quem não deve tomar betabloqueadores. Existem algumas condições médicas que contra-indicam o uso de betabloqueadores. Se tiver um histórico de asma brônquica, insuficiência cardíaca congestiva, alguns tipos de arritmias cardíacas (como bradicardia), ou problemas de condução, você deve pensar em outro medicamento. Converse sobre esses assuntos com o seu médico.

INIBIDORES DA MONOAMINA OXIDASE (INIBIDORES DA MAO)

Os estudos a respeito do uso dos inibidores da MAO no tratamento das fobias sociais são poucos, mas estão se tornando mais numerosos. Na conferência da Anxiety Disorders Association of America, em 1991, os inibidores da MAO receberam atenção crescente em relação a seu uso para o tratamento da forma generalizada de fobia social.

Historicamente essas drogas têm sido eficazes no tratamento da depressão. O dr. Michael Liebowitz, um pesquisador bastante conhecido da Columbia University College of Physicians and Surgeons, observou que em pacientes que têm uma forma de depressão, os inibidores da MAO reduzem a sensibilidade interpessoal, que pode ser encarada como uma medida do medo de desaprovação.

Os estudos têm indicado que o inibidor da MAO, fenelzina (*Nardil*), tem sido útil na redução da ansiedade situacional. Infelizmente, muitos desses estudos não incluem apenas indivíduos socialmente fóbicos, mas também os agorafóbicos, o que torna difícil qualquer conclusão definida. No entanto, o dr. Leibowitz e seus colegas apresentaram dados preliminares de um estudo extensivo com sujeitos socialmente fóbicos. Até agora, eles concluíram que a fenelzina é mais eficaz para a forma generalizada de fobia social, enquanto atenolol, um betabloqueador, é mais eficaz no tratamento de fobias sociais mais específicas.

Como funcionam os inibidores da MAO. Essas drogas agem bloqueando ou inibindo a ação de uma enzima específica — monoamina oxidase. Os inibidores da MAO foram usados inicialmente para o tratamento da tuberculose, e descobriu-se que tinham o efeito de melhorar o estado de espírito dos pacientes que sofriam dessa doença pulmonar. Experimentou-se, então, esse medicamento em pacientes psiquiátricos deprimidos, com resultados semelhantes. Na década de 1960, os inibidores da MAO foram usados pela primeira vez em pessoas que apresentavam os distúrbios de ansiedade que agora chamamos de ataques de pânico.

Pensava-se que os inibidores da MAO agiam afetando a disponibilidade de algumas substâncias químicas na parte simpática do sistema nervoso central.

Como já afirmamos em capítulos anteriores, a ativação do sistema nervoso simpático faz com que alguns neurotransmissores sejam liberados, resultando numa resposta de ansiedade "luta ou fuga". Embora demore algumas semanas para que isto ocorra, os inibidores da MAO fazem com que os terminais receptores desses químicos ativados no sistema nervoso simpático fiquem "regulados para menos" — os terminais, na verdade, tornam-se menos receptivos a esses neurotransmissores específicos, e assim compensam a superabundância no sistema. Além disso, alguns neurotransmissores (noradrenalina e adrenalina) são desativados pelos inibidores da MAO, o que também ajuda a reduzir a ativação do sistema nervoso simpático. Então, pensa-se que é assim que os inibidores da MAO impedem uma super-reação ansiosa a acontecimentos que, desta forma, não são ameaçadores.

Dosagem. Embora existam diversos inibidores da MAO disponíveis, o mais freqüentemente prescrito e mais estudado é a fenelzina (*Nardil*). O dr. Agras e outros especialistas descobriram que doses de até 90 mg por dia ajudam a reduzir a ansiedade social. Como já dissemos, os efeitos dos inibidores da MAO no sistema nervoso levam algum tempo para ser percebidos. Portanto, pode levar até quatro semanas para que a medicação tenha efeito terapêutico.

Precauções e efeitos colaterais. Alguns médicos não gostam de prescrever inibidores da MAO porque a pessoa precisará também adotar uma dieta rigorosa. E essa dieta não deve ser mantida apenas enquanto você estiver tomando o remédio, mas também por duas semanas depois de interromper a medicação. Os alimentos ricos em tiramina devem ser eliminados de sua dieta e, a seguir, citamos alguns deles: carnes preparadas com amaciadores; peixes defumados ou em conserva; fígado de frango ou de vaca; figo em conserva; bananas e abacates; queijos e todos os alimentos preparados com queijos, como pizza (embora queijo *cottage* e *cream cheese* sejam permitidos); iogurte; coalhada; cerveja, vinho tinto, e outras bebidas alcoólicas; molho de soja; fermento; cerveja; quantidades excessivas de café ou chocolate; e qualquer comida em conserva, fermentada ou defumada. Todos os medicamentos descongestionantes e para febre de feno devem ser interrompidos, e o mesmo se aplica a inaladores para asma e para qualquer tipo de estimulantes.

Você pode estar pensando que, provavelmente, não haveria problema em não ser rígido com esta dieta. Mas não ser rígido com este tipo de dieta não faria com que você engordasse; isto o levaria para um pronto-socorro com uma crise potencialmente fatal. A combinação de um inibidor da MAO com a tiramina resulta numa dor de cabeça latejante, aguda, que indica uma elevação rápida de sua pressão sanguínea, que é chamada de "crise hipertensiva". Se você for atendido a tempo, o médico pode dar-lhe medicamentos que reduzirão a sua pressão sanguínea ao normal. É importante ter em mente que, se estiver pensando num inibidor da MAO como ajuda, você deve estar disposto a manter as restrições alimentares e medicamentosas que serão descritas por seu médico.

Os efeitos colaterais mais comuns dos inibidores da MAO incluem queda de pressão sanguínea, que pode ser especialmente notada quando você muda rapidamente de posição. Essas mudanças, em geral, resultam em sensações de tontura ou de desmaio. Além desses efeitos, podem ocorrer: sonolência, distúrbios estomacais ou intestinais, alterações no apetite, contrações musculares, agitação e dificuldades sexuais.

Normalmente, uma alteração na dose de seu medicamento pode aliviar esses sintomas. Outros efeitos colaterais podem incluir forte dor no peito, pupilas dilatadas, fortes dores de cabeça, maior sensibilidade à luz, náusea e vômitos, rigidez ou dores no pescoço, batimentos cardíacos incomumente rápidos ou lentos, e suor fora do comum.

Parando com a medicação. Ao contrário dos betabloqueadores ou das benzodiazepinas, há poucos problemas associados à parada dos inibidores da MAO. Você ainda terá de seguir as orientações de seu médico em relação a parar um ou outro remédio. E é importante lembrar que terá de continuar evitando comidas ricas em tiraminas por duas semanas depois de ter parado com a medicação.

Quem não deve tomar inibidores da MAO. Você não deve tomar um inibidor da MAO se já estiver tomando um antidepressivo tricíclico. Esta é uma combinação potencialmente fatal de remédios. Se tiver asma crônica e necessitar de um inalador, os inibidores da MAO também não são para você. E, de modo semelhante, se você tem um histórico de problemas com a manutenção da pressão sanguínea normal (se a sua pressão for alta ou baixa), precisará discutir cuidadosamente com seu médico a escolha deste medicamento. Como os inibidores da MAO interagem com diversas outras medicações e anulam os efeitos de algumas outras drogas, se você precisar de qualquer outro remédio deverá discutir o caso com seu médico.

BENZODIAZEPINAS

O terceiro grupo de medicamentos é relativamente novo como tratamento específico para a fobia social. Freqüentemente, essas drogas são chamadas de medicamentos antiansiedade e incluem diversos compostos que talvez você já conheça. Por exemplo, as benzodiazepinas incluem medicamentos como diazepam (*Vallium*) e chlordiazepóxido (*Librium*), e também drogas mais recentes como alprazolam (*Xanax*) e clonazepam (*Klonopim*). Você já pode ter ouvido outros nomes comerciais como *Tranxene, Ativan, Centrax* e *Restoril*.

Atualmente, o aprazolam (*Xanax*) é uma das benzodiazepinas mais pesquisadas, e tem sido usado para tratar a fobia social. Além disso, três estudos de caso recentes, realizados pelo dr. Jeffrey Davidson e seus colegas do Duke University Medical Center, sugerem que o clonazepam (*Klonopim*) também pode ser eficiente. Dados preliminares de relatos de casos e de experiências clínicas ainda em andamento indicam que o alprazolam pode ser benéfico para algumas pessoas que sofrem de fobia social. Não existem estudos controlados a respeito de nenhuma outra benzodiazepina, como o clonazepam, por exemplo, no tratamento da fobia social.

O dr. Agras concluiu que, para tratar farmacologicamente uma fobia social generalizada, deveria ser experimentado primeiro um inibidor da MAO; se ele não funcionasse, poderia ser experimentada uma benzodiazepina. Clinicamente, percebemos que, apesar da eficiência dos inibidores da MAO, muitas pessoas relutam em tomá-los por causa das restrições alimentares e dos possíveis efeitos colaterais. Para algumas delas, a benzodiazepina é bastante útil, ajudando-as a superar os seus sintomas iniciais de ansiedade, e permitindo que se envolvam ativamente numa terapia cognitivo-comportamental.

Como funcionam as benzodiazepinas. As benzodiazepinas têm cinco efeitos clinicamente úteis. Estamos interessados, principalmente, em sua propriedade de redução de ansiedade. Elas também agem como sedativo-hipnótico (em outras palavras, uma pílula para dormir), podem ajudar a reduzir a atividade convulsiva, funcionam como um relaxante muscular, e podem ser usadas como medicação pré-anestésica. Essas drogas se ligam a um receptor muito específico da célula nervosa — o receptor de benzodiazepina. Esses receptores estão amplamente distribuídos por todo o sistema nervoso central. O receptor de benzodiazepina está intimamente ligado a um importante sistema inibidor da neurotransmissão no cérebro dos mamíferos. Como resultado, as benzodiazepinas trabalham em conjunto com este inibidor, chamado ácido gama-aminobutírico (GABA). Estima-se que o GABA esteja presente em 40% das ligações das células nervosas no cérebro. Por causa da quantidade do GABA e da alta afinidade entre as benzodiazepinas e as conexões GABA (isto é, o receptor de benzodiazepina), esses receptores têm um papel importante no modo de funcionamento da conexão GABA. A teoria atual sustenta que essas ligações específicas das células nervosas são importantes para a modulação da ansiedade.

Dosagem. Muitos médicos receitam *Xanax* ou outras benzodiazepinas num esquema "quando necessário" (em outras palavras, você só as toma quando se sente ansioso). Em alguns casos, esta é uma abordagem eficiente. Entretanto, nós o encorajamos a discutir com seu médico a possibilidade de receitar benzodiazepinas num esquema regular (digamos, três ou quatro vezes por dia), especialmente se você antecipa que sentirá ansiedade social durante boa parte do dia. Se você está tomando medicação quando necessita lidar com os momentos ansiosos, isto pode fazer com que você não use as suas habilidades de controle da ansiedade e acabe concluindo: "Eu não consigo passar por isto sem minhas pílulas". De modo contrário, uma dose regular lhe dará um nível constante de medicação e o ajudará a combater os momentos ansiosos sem a necessidade de tomar uma pílula sempre que ficar ansioso.

A maioria dos médicos começará com uma dose baixa de uma benzodiazepina, como *Xanax*, e a aumentará gradualmente. A American Psychiatric Association recomenda que a dose inicial de *Xanax* esteja entre 0.25 mg e 1.00 mg. A maioria das pessoas perceberá a redução do nível geral de ansiedade com doses entre 1 e 6 mg.

Precauções e efeitos colaterais. O efeito colateral mais comum das benzodiazepinas é a sonolência. É por esta razão que você começa com uma dose baixa, pois assim superará aos poucos as sensações de sonolência. Obviamente, você precisará ter cuidado ou evitar as atividades que exijam atenção, julgamento rápido, coordenação e tempo de reação rápido (como dirigir ou operar máquinas pesadas), até que seu corpo se adapte ao remédio. Quando já estiver habituado e tomando doses maiores, apenas se sentirá um pouco mais lento. Outros efeitos colaterais menos comuns incluem tonturas, dores de cabeça, fraqueza muscular, fadiga, boca seca, náusea e erupções na pele. Esses medicamentos podem causar também irregularidades menstruais e podem afetar o desempenho sexual.

Você já deve ter lido artigos de jornais ou ouvido programas de rádio ou de televisão que diziam que as benzodiazepinas causam dependência. Embora possam provocar potencialmente abuso, dependência ou síndromes de abstinência, isto é bem menos provável do que no caso dos barbitúricos ou do álcool. É verdade que ocorre uma dependência física e, às vezes, psicológica no curso natural da medicação. Contudo, a menos que você tenha um histórico de abuso de drogas ou de álcool, em geral esta dependência pode ser controlada quando a medicação é receitada adequadamente e quando você está preparado e bem informado. Discuta cuidadosamente esses aspectos com o seu médico.

Parando com a medicação. A retirada das benzodiazepinas deve ser realizada em consulta com o seu médico, pois pode ser um problema para algumas pessoas, principalmente para aquelas que tomam doses elevadas destes medicamentos, se for realizada de modo abrupto. Os sintomas da retirada das benzodiazepinas incluem insônia, irritabilidade, aumento da ansiedade, ataques de pânico, distúrbios estomacais e intestinais, palpitações, dores de cabeça, dores musculares, confusão e, às vezes, convulsões. Esses sintomas são evitados com facilidade ao se retirar gradualmente a medicação. Não podemos enfatizar demais este ponto: *consulte seu médico se você estiver tomando benzodiazepinas e desejar parar.*

Quem não deve tomar benzodiazepinas. Se você estiver grávida, pretendendo engravidar ou se estiver amamentando, não deve tomar benzodiazepina. Como já dissemos antes, se tiver um histórico de dependência química ou de álcool, também não será um bom candidato para estas drogas. Ocasionalmente, as benzodiazepinas podem causar problemas respiratórios em pessoas com problemas pulmonares crônicos progressivos (como enfisema), apnéia durante o sono, ou outros distúrbios respiratórios. Algumas benzodiazepinas não são recomendadas para adultos idosos e/ou pessoas com danos no fígado ou doenças renais. É essencial que você informe seu médico se estiver tomando outros remédios, pois as benzodiazepinas podem interagir com essa medicação.

(Por exemplo, *Vallium* não é recomendado se você estiver tomando *Dolontina* ou digoxina.) Se você usa freqüentemente antiácidos, eles interferirão na eficácia das benzodiazepinas. As benzodiazepinas devem ser tomadas com cuidado e apenas depois que você tiver consultado o seu médico, por causa de seus efeitos sedativos — especialmente se já estiver tomando opióides, antidepressivos tricíclicos, antipsicóticos, álcool, anti-histamínicos, barbitúricos, ou outros sedativos.

Outras Drogas para Tratamentos contra a Ansiedade

Os três tipos de medicação que descrevemos não são os únicos medicamentos usados para tratar os sintomas de ansiedade. Existem pelo menos dois outros grupos de medicamentos que são receitados com freqüência. Embora esses remédios não sejam utilizados para tratar a fobia social, têm sido usados com outros tipos de ansiedade e também podem ser úteis para este distúrbio. Descreveremos de modo resumido esses dois grupos de medicamentos, os antidepressivos tricíclicos (TCAs) e as azaspironas.

Antidepressivos Tricíclicos (TCA)

Os TCAs têm sido usados, há algum tempo, no tratamento de outros problemas de ansiedade, como síndrome do pânico e agorafobia. O TCA mais estudado no tratamento desses distúrbios é a imipramina (*Tofranil*) que, em geral, alivia os sintomas das pessoas com síndrome do pânico e agorafobia.

Os TCAs funcionam bloqueando a retomada de alguns neurotransmissores e fazendo com que essas substâncias químicas fiquem mais disponíveis para as células nervosas receptoras. Alguns dos efeitos colaterais comuns dos TCAs incluem visão distorcida, boca seca, prisão de ventre e retenção urinária. Infelizmente, muitas pessoas que tendem a ser ansiosas consideram perturbadores esses efeitos colaterais temporários e, como resultado, têm dificuldade em tolerar esta medicação.

Azaspironas

O nome farmacológico mais preciso para este grupo de medicamentos é azaspirondecanediones. Uma droga chamada buspirona (*Buspar*) é a mais estudada desta família relativamente nova de medicamentos. A vantagem é que ela tem um baixo potencial para abuso, e causa relativamente poucos efeitos colaterais. Embora *Buspar* seja considerada uma alternativa às benzodiazepinas, por causa de seu efeito de redução dos sintomas da ansiedade, não tem muitas das outras propriedades das benzodiazepinas (como os efeitos anticonvulsivos, sedativos ou de relaxamento muscular). O mecanismo de funcionamento da buspirona é desconhecido.

Há relatos contraditórios quanto à eficácia desse medicamento no tratamento de qualquer condição que não seja a ansiedade generalizada. Num seminário recente sobre pânico, o dr. Jerrold Rosenbaum, diretor da Clinical Psychopharmacology Unit at Massachusetts General Hospital, questionou a utilidade da buspirona para o tratamento do pânico. Ele também observou que este medicamento era ainda menos eficaz se o paciente tivesse usado benzodiazepina anteriormente. Por outro lado, na National Conference on Anxiety Disorders, em 1991 e no *Journal of Clinical Psychiatry*, o dr. Michael Liebowitz relatou que, num estudo não-controlado, diversas pessoas socialmente fóbicas experienciaram uma melhora em seus sintomas com o uso da buspirona. Ele observou, no entanto, que a buspirona não parece ser tão potente como o inibidor da MAO, fenelzina, para o tratamento da fobia social.

Neste ponto, parece prematuro recomendar buspirona para o tratamento da fobia social, pois a pesquisa controlada ainda não confirma sua eficácia, a não ser para a ansiedade generalizada.

Resumo

Voltamos mais uma vez a algo já comentado. Nosso conhecimento sobre a fobia social ainda está em sua infância. Como resultado, os pesquisadores ainda estão procurando a proverbial "bala de prata" no que diz respeito a encontrar um remédio eficaz para tratamento da fobia social. Em alguns casos, a medicação pode ser suficiente. Para a maioria das pessoas que decidem usar remédios, o mais provável é que seja necessária uma combinação de medicação e terapia cognitivo-comportamental, especialmente se a ansiedade for tão elevada que exija o uso de medicamentos para reduzir os sintomas físicos e tornar a terapia mais efetiva. Você deve familiarizar-se com as vantagens, as limitações e os usos adequados dos medicamentos. Demos algumas orientações e informações para que você pudesse sentir-se mais à vontade ao discutir esses assuntos com o seu médico.

17

Como Conseguir Ajuda Profissional?

Esperamos que você esteja bem adiantado no sentido de superar sua fobia social. Mas se não superou algum ponto de seu processo de auto-ajuda, você não está sozinho. Embora algumas pessoas possam recuperar-se sozinhas, outras precisam da ajuda de um profissional treinado. Não há vergonha em pedir ajuda. A única vergonha é quando as pessoas que precisam de tratamento não o conseguem, e continuam a sofrer. Neste capítulo falaremos sobre algumas razões pelas quais pode ser uma boa idéia buscar ajuda profissional, e também como escolher um terapeuta.

Resolvendo Qual o Momento de Buscar Ajuda Profissional

Em diversos momentos neste livro falamos sobre os problemas que você pode encontrar no processo de recuperação e que podem requerer ajuda profissional. Vamos rever e resumir algumas dessas "luzes de alarme" antes de continuar.

Um dos primeiros problemas que você pode ter encontrado foi definir suas metas. Talvez ao terminar sua auto-avaliação, você tenha percebido que tem medo de tantas situações sociais que as suas metas teriam de incluir "tudo". Este foi o caso de John, um contador de 33 anos de idade, que tinha uma fobia social generalizada. Ele tinha medo de falar em reuniões, de dar palestras relacionadas a seu trabalho, de se apresentar às outras pessoas, de ir a festas, e até mesmo de falar casualmente com seus vizinhos. Quando escreveu sua lista de metas, ele se sentiu sobrecarregado. Ele não tinha a menor idéia de por onde começar. No início, sentiu-se fracassado. Ele tinha esperanças de conseguir trabalhar sozinho com seu problema. Ele não estava acostumado a pedir ajuda, mas sabia que precisava de alguma orientação profissional para planejar um programa realista de recuperação.

John teve coragem, procurou ajuda profissional, e foi a melhor coisa que poderia ter feito para si mesmo. Com a assistência de um terapeuta treinado, ele foi capaz de determinar com qual meta começar. Este foi um passo importante: ele não queria começar com uma meta muito ambiciosa e terminar sentindo-se ainda mais sobrecarregado e desencorajado.

Embora seja comum que alguém com uma fobia generalizada, como John, precise de ajuda profissional, há também vários outros casos em que pessoas com uma fobia social muito específica podem resolver buscar terapia. Se tiver uma fobia social específica (como medo de escrever em público ou de usar um banheiro público) você pode sentir-se nervoso com a idéia de realizar sozinho as suas primeiras exposições. Você pode pensar: "Se eu pudesse fazer aquilo que temo, não teria esta fobia!". E você tem razão em muitos pontos. As técnicas descritas neste livro podem ser extremamente desafiadoras. Algumas vezes as pessoas podem beneficiar-se com o apoio e com a orientação que um terapeuta pode lhes dar durante o difícil processo de encarar os próprios medos. Mais especificamente, muitas pessoas podem beneficiar-se com a chamada "exposição apoiada pelo terapeuta", em especial durante as fases iniciais do processo de recuperação. Talvez um exemplo ajude a ilustrar como este processo pode funcionar.

Marlene é aposentada, viúva, com 66 anos de idade, que procurou tratamento para uma fobia social específica — medo de assinar seu nome em público. Seu marido, que era quem lidava com todos os assuntos financeiros e de negócios, havia morrido recentemente. Além do pesar natural pelo qual ela estava passando, Marlene estava também encarando o fato assustador de que teria de superar o seu medo. Havia papéis a serem assinados relativos à mudança de seu estado civil. Além disso, ela precisava aprender a preencher cheques e assinar boletos de cartão de crédito, em público, para administrar sua vida cotidiana. Marlene sabia que não seria capaz de superar seu medo sozinha, e, assim, procurou a ajuda de uma terapeuta. Mas ficou chocada quando sua terapeuta explicou-lhe a técnica de exposição. Com certeza, havia um modo mais fácil! Seus pensamentos eram catastróficos. E se sua mão começasse a tremer em frente do caixa? Ela não seria considerada uma verdadeira idiota?

Sua terapeuta sugeriu que, como um primeiro passo, elas fossem juntas a um banco próximo. Quando estavam no banco, a terapeuta dirigiu-se ao primeira caixa. Marlene ficou discretamente um pouco para trás, mas era totalmente capaz de ver e ouvir o que estava acontecendo. A terapeuta fez de conta que sua mão estava tremendo tanto que ela não era capaz de assinar um cheque; até mesmo segurou a mão trêmula com a outra mão e exclamou: "Não sei o que há de errado comigo hoje. Parece que não consigo fazer minha mão parar de tremer". O caixa foi muito gentil e paciente, e disse-lhe que não havia pressa. Finalmente, a terapeuta foi capaz de assinar seu nome, mas pediu desculpas por sua letra feia. O caixa lhe garantiu que o banco não se incomodava com a beleza da letra. Mais tarde, Marlene e sua terapeuta conversaram sobre a experiência. Marlene havia ficado surpresa com a reação do caixa. Ter observado sua terapeuta passar pela exposição ajudou-a a dispersar alguns de seus pensamentos distorcidos a respeito do que iria acontecer se sua mão tremesse. Na verdade, observando a terapeuta, Marlene consegiu coragem para experienciar uma exposição semelhante.

Este é apenas um exemplo de como uma exposição apoiada pelo terapeuta pode funcionar (embora nem todos os terapeutas costumem trabalhar desta forma). Há muitas variações. Você só é limitado pela criatividade, tanto sua quanto de seu terapeuta, ao criar exposições para confrontar seus medos específicos.

Muitas pessoas descobrem que depois de terem feito algumas exposições apoiadas pelo terapeuta estão prontas para realizar suas próprias exposições.

Existem diversas outras razões para buscar ajuda profissional. Muitas já foram detalhadamente descritas no Capítulo 13, e assim nós só as mencionaremos aqui. Você deve pensar em buscar ajuda profissional se:

- estiver significativamente deprimido por mais de duas semanas consecutivas;
- tiver pensamentos a respeito de se ferir ou se matar, ou ferir ou matar alguém;
- estiver tendo problemas com abuso de substâncias;
- achar que também pode ter outro distúrbio de ansiedade;
- perceber que está tendo muitos problemas de relacionamento — talvez eles resultem de sua fobia social, mas não necessariamente;
- tiver progredido na direção de superar sua fobia social, mas estiver passando por uma recaída e não estiver conseguindo voltar ao caminho da recuperação.

ESCOLHENDO UM TERAPEUTA

Quando decide consultar um profissional de saúde mental, você tem ainda uma outra decisão — a quem chamar? Infelizmente, a profissão de saúde mental não torna esta escolha fácil. Existem psicólogos, psiquiatras, assistentes sociais, enfermeiras psiquiátricas, conselheiros e os onipresentes "terapeutas", e todos têm linhas de trabalho diferentes. Para tornar as coisas ainda piores, mesmo num grupo profissional específico, o nível de especialização dos terapeutas no tratamento dos distúrbios de ansiedade irá variar muito. Descreveremos resumidamente as diferenças entre as diversas categorias de profissionais de saúde mental, e depois mencionaremos treinamento e especialização.

OS DIVERSOS TIPOS DE PROFISSIONAIS DE SAÚDE MENTAL — QUAL ESCOLHER?

A má notícia é que não existe apenas uma única escolha correta quando se trata de optar por um profissional de saúde mental. Não importa o que outra pessoa diz que é melhor, você tem de acreditar que pode, de fato, trabalhar com um profissional específico. Existem profissionais de saúde mental competentes e incompetentes, como em qualquer outra profissão. A boa notícia é que existe um número cada vez maior de profissionais especializados no tratamento de distúrbios de ansiedade. Isso significa que, em muitas cidades, se você não se der bem com uma pessoa, existirão outras, às quais poderá recorrer para tratar de seu problema. Você só tem de saber por onde começar.

Muitas pessoas ficam confusas quando têm de escolher entre um psicólogo e um psiquiatra, pois ambos usualmente têm o título de "doutor".* O modo mais fácil de distinguir entre estes dois profissionais é que os psiquiatras são médicos, e portanto podem receitar medicamentos; enquanto os psicólogos são doutores em filosofia (ou em psicologia) e são treinados principalmente em serviços psicológicos, como psicoterapia. Outros terapeutas — como assistentes sociais, enfermeiras psiquiátricas e conselheiros — usualmente têm grau de mestre em suas áreas de especialização. Todos esses profissionais podem saber

---

* No Brasil, os psicólogos não precisam ter doutorado para trabalhar como psicólogos clínicos; eles devem apenas ter cursado os cinco anos da faculdade de psicologia. Por esta razão, a maioria dos psicólogos não tem o título de "doutor". (N. do T.)

conduzir uma sessão de psicoterapia.* Porém, é importante que você conheça detalhes da formação e do treinamento dos profissionais que contatar, para poder saber o que eles podem realizar profissionalmente, de acordo com a lei.

Então, como você sabe se o seu psicoterapeuta tem as habilidades necessárias para tratar de fobia social? A resposta parece muito simples: você tem de perguntar! Muitos clientes têm medo de que suas perguntas sobre formação e treinamento ofendam os profissionais. Segundo nossa experiência, a maioria dos profissionais de saúde mental não fica ofendida quando o cliente pede informações sobre suas credenciais. Na verdade, os terapeutas esperam que os clientes façam perguntas sobre seu treinamento. Os pais geralmente tomam muitos cuidados ao entrevistar babás em potencial, quando estão tomando decisões a respeito do cuidado com os filhos. Por que motivo você deveria fazer menos do que isso quando se trata de confiar em alguém que vai cuidar de você? Talvez a principal regra ao escolher um profissional de saúde mental seja *fazer perguntas*.

ENCONTRANDO UM PROFISSIONAL QUE TENHA CONHECIMENTOS SOBRE FOBIA SOCIAL

Na última década foram estabelecidos diversos centros para o tratamento dos distúrbios de ansiedade, em todo o país. Esses centros não só tratam de distúrbios de ansiedade, incluindo a fobia social, como oferecem treinamento avançado no tratamento desses distúrbios, para os profissionais de saúde mental. Com muita freqüência, os especialistas fizeram um ou dois anos de treinamento avançado, além de sua graduação.

Nem todos que se especializaram no tratamento da ansiedade fizeram seu treinamento nos centros de distúrbios de ansiedade. Existem diversos centros que oferecem treinamento em terapia cognitivo-comportamental; e existem muitas pesquisas comprovando que essa abordagem é um tratamento eficaz para os distúrbios de ansiedade. Assim, muitos profissionais que fizeram treinamentos adicionais em terapia cognitivo-comportamental, também foram treinados no tratamento da ansiedade.

---

* No Brasil, assistentes sociais e enfermeiras psiquiátricas devem ter concluído o curso universitário em suas áreas específicas, mas não precisam ter feito mestrado. Não existe faculdade que dê o título de conselheiro. E as técnicas de psicoterapia só podem ser utilizadas por psicólogos ou por psiquiatras. (N. do T.)

Embora seja uma vantagem óbvia para um profissional ter sido treinado no tipo de centro descrito, este não é o único caminho para aprender a tratar a fobia social. Como esses centros de treinamento simplesmente não existiam antes, alguns profissionais podem ter buscado deliberadamente outras formas de treinamento para ampliar suas habilidades. Por exemplo, podem ter assistido a seminários ou *workshops* sobre o tratamento de fobia social. Ou podem ter recebido supervisão de alguém que fosse experiente no tratamento da fobia social.*

Nem todos os profissionais de saúde mental têm o treinamento necessário para trabalhar com pessoas que têm fobia social. Você precisa pedir informações específicas a respeito do tipo de treinamento que o terapeuta recebeu. Você também pode perguntar quantas pessoas com fobia social eles trataram e se o tratamento foi bem-sucedido. Alguns profissionais podem permitir que você fale com alguém que tenha sido seu cliente e tenha tido um problema similar ao seu. Considere, entretanto, que a ética exige que o terapeuta proteja a confidencialidade das pessoas de que trata; assim, pode demorar um pouco para que o terapeuta possa satisfazer este tipo de pedido.** Peça todas as informações que o façam sentir-se bem em relação a seu investimento de tempo, energia e dinheiro.

Onde Encontro Ajuda?

Você precisa ser um bom consumidor para encontrar um profissional de saúde mental qualificado. Contate os recursos de sua comunidade, como o centro médico de uma universidade, ou um centro de tratamento de distúrbios de ansiedade, e pergunte sobre o tipo de tratamento que está disponível. Os programas que fazem parte de um centro médico universitário provavelmente terão informações atualizadas a respeito dos tratamentos mais eficazes para os distúrbios de ansiedade. Esses programas, freqüentemente, estão relacionados nas "páginas amarelas" das Listas Telefônicas, na seção Hospitais.

Se você mora num local em que este tipo de programa não está disponível, ligue para o centro médico da universidade ou para o centro

---

* No Brasil, a supervisão é uma forma de treinamento extremamente comum, embora não seja exigida por lei. (N. do T.)
** No Brasil, um terapeuta dificilmente permitiria que você contatasse um outro cliente, a não ser que houvesse a concordância explícita deste cliente. De qualquer forma, este não é um procedimento comum. (N. do T.)

de tratamento de distúrbios de ansiedade mais próximo, e peça a indicação de algum profissional em sua comunidade. Outra alternativa é contatar a Anxiety Disorders Association of America a Mental Health Association local, ou os Conselhos Profissionais das diversas profissões de saúde mental em seu estado (normalmente eles estão localizados nas capitais). Qualquer um desses recursos pode lhe dar informações e nomes de profissionais, de sua cidade, que tenham-se especializado no tratamento de distúrbios de ansiedade ou em terapia cognitivo-comportamental.*

Outro recurso que você pode ter deixado de lado são os amigos e parentes que já passaram por terapia. Converse com seus amigos que foram tratados de algum problema de ansiedade, e descubra se eles ficaram satisfeitos com seu tratamento. Um amigo, ou até mesmo um amigo de um amigo seu, pode lhe dar o nome de um profissional que possa ajudá-lo. O "boca-a-boca" é um excelente meio de descobrir recursos. Um último conselho: quando já estiver em tratamento, você deve sentir-se cada vez mais à vontade no trabalho com o seu psicoterapeuta. Se, por alguma razão, você e seu terapeuta não estão se entendendo, converse com ele a esse respeito. Afinal, na terapia, assim como nos outros relacionamentos, nem todos os pares são feitos no céu. As suas preocupações podem ser algo com que o terapeuta possa trabalhar. Mas, se as coisas não melhorarem, o seu terapeuta pode ajudá-lo a encontrar outro profissional com quem você possa trabalhar com mais sucesso.

Resumo

Existem diversas razões para buscar ajuda profissional, incluindo a dificuldade para definir suas metas e o sentimento de estar sobrecarregado pela imensidão da tarefa à frente. Além disso, discutimos a importância que as exposições apoiadas pelo terapeuta exercem sobre algumas pessoas.

Também mencionamos diversos outros motivos pelos quais buscar ajuda profissional, como depressão ou coexistência de outros distúrbios

---

* No Brasil, você pode procurar os Conselhos Regionais de cada uma das profissões de saúde mental, ou os sindicatos profissionais. Outra forma muito comum de indicação, é pedir a um médico ou psicólogo que você conheça que lhe indique um colega. (N.T.)

de ansiedade. O restante do capítulo focalizou as diferentes categorias de profissionais que tratam da fobia social, e os tipos de treinamento que você pode esperar de cada um deles. Enfatizamos a necessidade de ser um bom consumidor para localizar o profissional que você procura.

18

Alguns Comentários Finais: Direções Futuras

Esperamos que os capítulos anteriores o tenham ajudado a familiarizar-se com as fobias sociais. Você aprendeu que elas são um problema comum, mas que às vezes são muito debilitantes. Você leu a respeito da natureza das fobias sociais e das várias maneiras pelas quais interferem na vida das pessoas. Você também aprendeu sobre as possíveis causas das fobias sociais, e que o medo da desaprovação é formado pelo modo como você pensa, sente e se comporta. E mais importante: aprendeu modos de superar as fobias sociais. Tentamos lhe dar a informação mais atualizada possível. Mas ainda há muitas coisas que não sabemos sobre este distúrbio. Nestas páginas finais discutiremos algumas questões importantes, e ainda não respondidas sobre as fobias sociais — questões que esperamos sejam abordadas pela pesquisa futura.

Qual a Relação entre as Fobias Sociais e Outros Distúrbios?

Ainda precisamos aprender mais a respeito de como definir e classificar melhor as fobias sociais. Como mencionamos no Capítulo 1, não existe nada de sagrado na definição atual de fobia social ou no modo como ela está classificada entre os distúrbios de ansiedade.

Pode-se argumentar que as fobias sociais deveriam ser colocadas na mesma categoria das outras fobias, pois têm muito em comum. Mas, de alguma forma, as fobias sociais são únicas. Será necessária mais pesquisa para decidir se as fobias sociais devem ser classificadas em separado dos outros tipos de problemas de ansiedade (o medo da desaprovação é fundamentalmente diferente do medo de cobras, de alturas ou de tempestades?).

Por outro lado, nem todas as fobias sociais são iguais. É possível que fobias sociais específicas, como o medo de comer em público, devam ser classificadas em separado das fobias sociais generalizadas, que afetam tantos aspectos da vida. E mesmo as fobias sociais específicas diferem umas das outras. O medo de falar em público é dez vezes mais comum do que os outros tipos de fobia social, e há uma probabilidade muito menor de que envolva outros distúrbios psicológicos. O medo de falar em público deveria ser classificado separadamente das outras fobias sociais específicas?

Estes pontos podem parecer muito técnicos e irrelevantes para o seu próprio problema. Contudo, o modo como um distúrbio é definido e classificado é muito importante. Por exemplo, isto pode afetar a probabilidade de sua fobia ser facilmente identificada pelo seu médico ou terapeuta, e a sua probabilidade de receber tratamento adequado. Você já pode ter passado pela experiência perturbadora de ter seu problema diagnosticado de modo errado, como uma condição médica, ou ter sido atribuído totalmente ao estresse. É pouco provável que se beneficie muito do conselho profissional, quando há um erro de diagnóstico. A frustração e o desapontamento que resultam de um diagnóstico incorreto podem ser reduzidos, no futuro, se a fobia social for definida de modo mais preciso.

O Que Causa a Fobia Social?

As questões sobre como definir e classificar um distúrbio podem ser parcialmente respondidas quando se consegue um bom entendimento de suas causas. Infelizmente, como você viu no Capítulo 2, nossa compreensão das causas da fobia social ainda não está completa. As teorias apenas começaram a se desenvolver e os pesquisadores só recentemente começaram a se interessar pelas fobias sociais (o que não aconteceu com alguns outros distúrbios de ansiedade, que já foram extensamente estudados). Descobrir o possível papel da bioquímica, da hereditariedade, e de outros fatores biológicos no desenvolvimento da fobia social constitui um desafio interessante para a pesquisa futura. Os avanços tecnológicos, como aparelhos de imagens cerebrais usados para medir a atividade neurológica de pessoas com outros tipos de ansiedade, estão apenas começando a ser usados para estudar as pessoas com ansiedade social. A tecnologia futura poderá ajudar a determinar quais as partes do cérebro que estão ativadas quando alguém experiencia o medo da desaprovação.

Os estudos futuros poderão nos ajudar a entender um aspecto biológico da fobia social; epidemiologistas e geneticistas precisarão estudar outro — a possibilidade de que as fobias sociais se manifestem dentro das famílias. Este é um ponto complicado. A maior dificuldade está na determinação do porquê algumas famílias experienciam mais fobias sociais do que outras. Isto acontece porque as pessoas têm os mesmos genes, ou porque compartilham o mesmo ambiente? Alguns pesquisadores de laboratórios esperam encontrar a resposta, se descobrirem um gene que seja, parcialmente, responsável por fobias sociais. Outros pesquisadores estão estudando as famílias das pessoas com fobias sociais. Os estudos de gêmeos são um tipo especialmente importante de pesquisa de famílias, e abordam as questões da hereditariedade *versus* ambiente. Os gêmeos provenientes do mesmo ovo (monozigóticos) podem ser comparados com gêmeos de ovos diferentes (dizigóticos), e gêmeos que foram criados separadamente podem ser comparados com gêmeos criados juntos. Este tipo de pesquisa será muito importante para determinar quais aspectos da fobia social são herdados e quais são aprendidos. Como você pode imaginar, esta é uma pesquisa muito cara e demorada. Porém, até que estes estudos sejam feitos, nossas crenças a respeito do papel da hereditariedade e do ambiente no desenvolvimento das fobias sociais estarão baseadas em informações limitadas.

Temos muito a aprender sobre como o ambiente de uma pessoa influencia as fobias sociais. Acredita-se, há muito tempo, que algumas experiências da primeira infância determinam se as fobias sociais se desenvolverão na idade adulta. Por exemplo, algumas pesquisas descobriram que crianças que têm uma fobia da escola terão mais probabilidade de desenvolver uma fobia social quando crescerem. Entretanto, essa pesquisa retrospectiva foi baseada nas lembranças da infância; e essas lembranças nem sempre são precisas. Agora é necessária uma pesquisa prospectiva, na qual crianças com fobias sejam acompanhadas durante anos para ver se, mais tarde, desenvolverão uma fobia social. Este tipo de pesquisa longitudinal pode ser usado para estudar outros aspectos do ambiente de um indivíduo que possam afetar as fobias sociais. Outros fatores importantes que deveriam ser estudados são as características dos pais e de outros membros da família, os tipos de informações que as pessoas recebem, e diversas experiências de vida que elas têm enquanto estão crescendo.

E, ainda mais importante do que estudar os fatores biológicos ou ambientais por si mesmos, é tentar entender como esses dois tipos de fatores interagem. Como você já leu nos capítulos anteriores, não acreditamos que exista uma única causa para a fobia social. É muito mais provável que diversos fatores se combinem para aumentar o seu risco de ter uma fobia social. O desafio para os cientistas e os teóricos será desenvolver explicações sobre os diversos modos em que os fatores de risco, biológicos e psicológicos, se combinam para causar uma fobia social num indivíduo específico.

Precisamos Saber Mais A Respeito Da Recuperação?

Aprender mais a respeito das causas de um problema é importante porque isto freqüentemente dá pistas sobre o que fazer para recuperar-se. Se você já tiver superado sua fobia social, pode estar imaginando por que seriam necessárias mais informações. Existem várias razões.

Primeira: algumas pessoas tentaram recuperar-se, mas foram incapazes. É necessário descobrir por que essas pessoas não superaram os seus problemas, e como os tratamentos que existem podem ser aperfeiçoados para ajudá-las a fazer parte do grupo de pessoas que não são mais incapacitadas pelo medo da desaprovação.

Segunda: os tratamentos atuais quase sempre têm efeitos colaterais, mesmo quando são bem-sucedidos. A sua medicação pode deixá-lo sonolento ou causar outros sintomas desagradáveis. Isso acontece porque atualmente nenhuma droga é capaz de atingir a ansiedade sem afetar outros aspectos do corpo e da mente. A terapia comportamental pode ter poucos efeitos colaterais físicos, mas pode ser desconfortável e, com freqüência, aumenta temporariamente sua ansiedade. (Não seria um alívio ter uma terapia sem nenhum efeito colateral?)

Terceira: tratamentos eficientes são demorados. A pesquisa futura pode descobrir formas de tornar mais rápidas essas terapias.

Finalmente, como não existem duas fobias sociais exatamente iguais, não é provável que uma única técnica seja eficaz em todos os casos. A experiência de cada pessoa que tem medo de desaprovação é particular. A menos que os cientistas descubram uma cura milagrosa, que funcione sempre e para todos, a meta final da pesquisa será determinar qual tratamento terá o máximo efeito, com o mínimo esforço e o mínimo risco, para cada indivíduo.

As Fobias Sociais Podem Ser Evitadas?

Se a ciência ou a sociedade pudessem evitar que as fobias sociais se desenvolvessem, os avanços no tratamento não seriam necessários. Mais uma vez, uma compreensão melhor das causas originais das fobias sociais seria crucial para desenvolver programas de prevenção efetivos. No momento, só podemos especular a respeito do que faria parte de tais programas. Alguns esforços de prevenção poderiam ser realizados por toda a sociedade. Por exemplo, poderiam ser instituídos programas educacionais nas escolas de todo o país. Uma outra abordagem, mais barata, seria limitar os programas de prevenção às crianças que têm alto risco de desenvolver uma fobia social. Se estas pudessem ser identificadas antecipadamente, seria possível ter estratégias de prevenção mais elaboradas para este segmento menor da população. Podemos predizer, com certeza, que demorará ainda algum tempo até que qualquer programa de prevenção de larga escala seja implementado.

Palavras Finais

Existem muitas perguntas não respondidas sobre a fobia social. Os seres humanos estão predispostos a desenvolver fobias sociais? As pessoas sempre temeram a crítica, ou os medos sociais são produto da civilização? Este é um medo humano primário, ou ele se desenvolveu a partir do medo de dano físico? As fobias sociais são mais comuns na cultura ocidental do que nas outras sociedades? Os meios de comunicação têm um papel na manutenção das fobias sociais? Por que o medo de desaprovação faz com que as pessoas se comportem de modos que aumentam suas chances de experienciarem a desaprovação? E por que respostas embaraçosas como rubor, suor e tremor acontecem quando as pessoas estão socialmente ansiosas, mas não necessariamente quando do experienciam outros tipos de ansiedade? Essas são perguntas intrigantes. Suas respostas revelarão mais do que apenas a natureza das fobias sociais. Elas nos ensinarão algo mais a respeito da natureza do ser humano.

Enquanto isso, as pessoas com fobia social têm muitas razões para ter esperança. A grande maioria das pessoas com quem trabalhamos fez progressos significativos, e freqüentemente dramáticos, no sentido de superar seus medos sociais. Vimos pessoas que pensavam que nunca voltariam a trabalhar, que se recuperaram de sua fobia e iniciaram carreiras interessantes. Também vimos clientes que ficavam apavorados com o mero pensamento de falar com outras pessoas, e iniciaram relacionamentos duradouros e gratificantes. Esta habilidade recém-descoberta de participar do domínio social tornou a vida dessas pessoas mais plena do que elas jamais haviam sonhado. Esperamos que ao seguir os métodos descritos neste livro, sozinho ou com ajuda profissional, você também faça parte do grupo daqueles que lutaram com seus medos sociais e os venceram.

Referências

AGRAS, W. S. "The Treatment of social phobia". In: *Journal of Clinical Psychiatry* 51 (supl.), 1990, pp. 52-5.
AIMES, P.; GELDER, M. e SHAW P. "Social phobia: A comparative clinical study". In: *British Journal of Psychiatry* 142, 1983, pp. 14-179.
BARLOW, D. H. *Anxiety and its Disorders: The Nature of Treatment of Anxiety and Panic.* Nova York, Guilford Press, 1988.
BARLOW, D. H.; DINARDO, P. A.; VERMILYEA, B. B. VERMILYEA; J. A. e BLANCHARD, E. B. "Comorbidity and depression among the anxiety disorders: Issues in diagnosis and classification". In: *Journal of Nervous and Mental Disease* 174, 1986, pp. 63-72.
BARR TAYLOR, C. e ARNOW, B. *The Nature and Treatment of Anxiety Disorders.* Nova York, International Universities Press, 1988.
BECK, A. T. *Cognitive Therapy and the Emotional Disorders.* Nova York, International Universities Press, 1976.
BECK, A. T.; EMERY, G. e GREENBERG R. *Anxiety Disorders and Phobia: A Cognitive Perspective.* Nova York, Guilford Press, 1985.
BERNSTEIN, D. A. e BORKOVEC,T. D. *Progressive Relaxation Training: A Manual for the Helping Professionals.* Champaign, IL, Research Press, 1973.
BURNS, D. *Feeling Good: The New Mood Therapy.* Nova York, William Morrow & Company, 1980.
―――. *The Feeling Good Handbook.* Nova York, William Morrow & Company, 1989.
DAVIDSON, J. R. T.; FORD, S. M.; SMITH, R. D. e POTTS, N. L. S. "Long-term treatment of social phobia with clonazepam". In: *Journal of Clinical Psychiatry* 52 (supl.), 1991, pp. 16-20.
DESILVA, P., e RACHMAN S. "Is exposure a necessary condition for fear reduction?". In: *Behavior Research and Therapy* 19, 1981, pp. 227-32.
ELLIS, A. *The Essence of Rational Psychotherapy: A Comprehensive Approach to Treatment.* Nova York, Institute for Rational Living, 1970.
HALL, E. T. "A system for the notation of proxemic behavior". In: *American Anthropologist* 65, 1963, pp. 1003-26.

HEIMBERG, R. G.; BECKER, R. E.; GOLDFINGER, K. e VERMILYEA J."Treatment of social phobia by exposure, cognitive restructuring and homework assignments". In: *Journal of Nervous and Mental Disease* 173, 1985, pp. 236-45.

HEIMBERG, R. G.; DODGE, C. S. e BECKER, R. E. "Social phobia". In: *Anxiety and stress disorders*, editado por MICHELSON, L. e ASCHER, M. L. Nova York, Guilford Press, 1987.

HEIMBERG, R. G. e BARLOW, D. H. "New developments in cognitive-behavioral therapy for social phobia". In: *Journal of Clinical Psychiatry* 52 (supl.), 1991, pp. 21-30.

HOLLIS, J. *Relapse for Eating Disorder Sufferers.* Center City, MN, Hazelden Educational Materials, 1985.

LANZETTA, J. T.; CARTWRIGHT-SMITH, J. e KLECK, R. E. "Effects of nonverbal dissimulations on emotional experience and autonomic arousal". In: *Journal of Personality and Social Psychology* 33, 1976, pp. 354-70.

LIEBOWITZ, M. R. "Social Phobia". In: *Modern Problems in Pharmaco-psychiatry* 22, 1987, pp. 141-73.

LIEBOWITZ, M. R.; GORMAN, J. M.; FYER, A. J. e KLEIN, D. F. "Social phobia: Review of a neglected anxiety disorder". In: *Archives of General Psychiatry* 42, 1985, pp. 729-36.

LIEBOWITZ, M. R.; GORMAN, J. M.; FYER, A. J. et al. "Pharmacotherapy of social phobia: An interim report of a placebo-controlled comparison of phenelzine and atenolol". In: *Journal of Clinical Psychiatry* 49, 1988, pp. 252-7.

LIEBOWITZ, M. R.; SCHNEIER, F. R. E.; HOLLANDER, WELKOWITZ, L. A. ASOUD; J. B. CAMPEAS; J. F. FALLOON; B. A. STREET, L. e GITOW A. "Treatment of social phobia with drugs other than benzodiazepines". In: *Journal of Clinical Psychiatry* 52 (supl.), 1991, pp. 10-15.

MAHONEY, M. J. *Cognitive and Behavior Modification.* Cambridge, MA, Ballinger, 1974.

MATTHEWS, A. M.; GELDER, M. G. e JOHNSTON D. W. *Agoraphobia: Nature and Treatment.* Londres, Tavistock Publications, 1981.

MATTICK, R. P. e PETERS L. "Treatment of severe social phobia: Effects of guided exposure with and without cognitive restructuring". In: *Journal of Clinical and Consulting Psychology* 56, 1988, pp. 251-61.

MCGLYNN, T. J. e METCALF, H. L. *Diagnosis and Treatment of Anxiety Disorders: A Physician's Handbook.* In: Washington, D.C., American Psychiatric Press, 1989.

MEICHENBAUM, D. *Cognitive Behavior Modification.* Morristown, N.J., General Learning Press, 1974.

OHMAN, A. "Face the beast and fear the face: Animal and social fears as prototypes for evolutionary analyses of emotion". In: *Psychophysiology* 23, 1986, pp. 123-45.

OHMAN, A.; ERIXON, G. e LOFBURG, I. "Phobias and preparedness: Phobic versus neutral pictures as conditional stimuli for human autonomic responses". In: *Journal of Abnormal Psychology* 84, 1975, pp. 41-5.

OHMAN, A.; DIMBERG, U. e OST, L. G. "Animal and social phobias: A laboratory model". In: *Trends in Behavior Therapy*, editado por P.O. Sjoden e S. Bates. Nova York, Academic Press, 1985.

ROSENBAUM, J. "Overview of benefit/risk issues in clinical practice". Trabalho apresentado na Conferência, em Carlsbad, CA, 1990.

SCHNEIER, F. R.; MARTIN, L. Y.; LIEBOWITZ, M. R.; GORMAN, J. M. e FYER A. J. "Alcohol abuse in social phobia". In: *Journal of Anxiety Disorders* 3, 1989, pp. 15-23.

SHEEHAN, D. *The Anxiety Disease.* Nova York, Charles Scribner's Sons, 1983.
STEIN, M. B.; TANCER, M. E.; GELERNTER, C. S.; VITTONE, B. J. e UHDE, T. W. "Major depression in patients with social phobia". In: *American Journal of Psychiatry* 147, 1990, pp. 637-9.
TORGERSON, S. "Genetic factors in anxiety disorders". In: *Archives of General Psychiatry* 40, 1983, pp. 1085-9.
ZUCKERMAN, M.; KLORMAN, R.; LARRANCE, D. T. e SPIEGEL, N. H. "Facial, autonomic, and subjective components of emotion: The facial feedback hypothesis versus the externalizer-internalizer distinction". In: *Journal of Personality and Social Psychology* 41, 1981, pp. 929-44.

Sobre os Autores

BARBARA G. MARKWAY, PH.D., é psicóloga clínica com consultório particular em St. Louis, Missouri. Realizou estudos de pós-doutorado no *Anxiety Disorders Center at St. Louis University Medical Center*, onde se especializou no tratamento cognitivo-comportamental da fobia social e de outros distúrbios de ansiedade.

CHERYL C. CARMIN, PH.D., é professora assistente de psiquiatria e de comportamento humano, e assistente de direção do *Anxiety Disorders Center at St. Louis University Medical Center*. Realizou estudos de pós-doutorado na *Case Western Reserve University School of Medicine* e nos *University Hospitals of Cleveland*, onde se especializou no tratamento de distúrbios de ansiedade.

C. ALEC POLLARD, PH.D., é professor associado de psiquiatria e comportamento humano e diretor do *Anxiety Disorders Center* e da *Behavioral Treatment Unit at St. Louis University Medical Center*. Tem diversas publicações a respeito de sua pesquisa na área de distúrbios de ansiedade. É um consultor para o DSM-IV Social Phobia Work Group.

TERESA M. FLYNN, PH.D., atualmente trabalha como psicóloga no *Anxiety Disorders Center at St. Louis University Medical Center*. Seu treinamento incluiu estudos de pós-doutorado em medicina comportamental no *St. Louis University Medical Center*.

leia também

MEDIAÇÃO DE CONFLITOS
PACIFICANDO E PREVENINDO A VIOLÊNCIA
Malvina Ester Muszkat (org.)

As experiências vividas pela equipe do Pró-Mulher Família e Cidadania originaram este guia prático para psicólogos, cientistas sociais, especialistas na área do direito, bem como para o público em geral, interessados na prevenção da violência em famílias e na sociedade. O livro defende a superação dos princípios de relacionamento regidos pelo confronto, substituindo-os pela lógica do pacto.

REF. 10833   ISBN 978-85-323-0833-7

QUANDO A RAIVA DÓI
ACALMANDO A TEMPESTADE INTERIOR
Matthew McKay; Peter D. Rogers e Judith McKay

As causas da raiva muitas vezes se diluem, restando apenas feridas e mágoas, distanciamento e autodesvalorização. Este é um guia prático para pessoas que queiram lidar com sua raiva, que se cansaram do desgaste físico e emocional que ela provoca, que buscam formas melhores de expressar suas insatisfações e problemas.

REF. 10737   ISBN 85-323-0737-X

A LINGUAGEM DA EMPATIA
MÉTODOS SIMPLES E EFICAZES PARA LIDAR COM SEU FILHO
Dina Azrak

Infelizmente, amor e bom senso não são suficientes na educação dos filhos. Eles precisam se sentir, acima de tudo, compreendidos. Partindo de sua experiência como psicóloga especialista no relacionamento pais-filhos, Dina oferece ao leitor dicas simples e práticas para percebermos o que as crianças estão sentindo e, com base nisso, tomarmos a melhor decisão em caso de conflito. Mostra também como desenvolver a autonomia das crianças e oferece alternativas à crítica e aos rótulos.

REF. 10652   ISBN 978-85-323-0652-4

www.gruposummus.com.br

IMPRESSO NA
sumago gráfica editorial ltda
rua itauna, 789   vila maria
02111-031   são paulo   sp
tel e fax 11 **2955 5636**
sumago@sumago.com.br